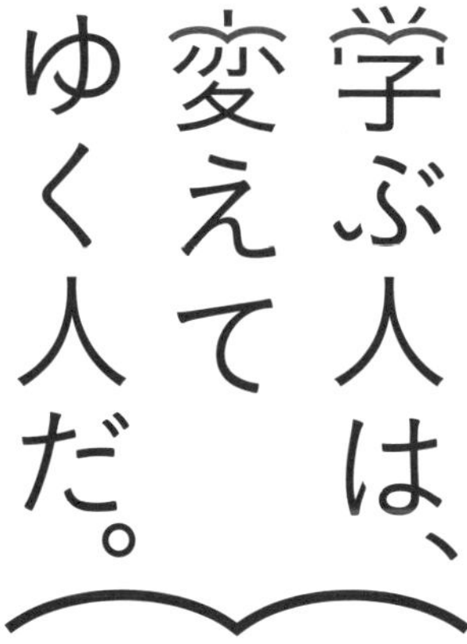

目の前にある問題はもちろん、

人生の問いや、

社会の課題を自ら見つけ、

挑み続けるために、

「学び」で、

少しずつ世界は変え

いつでも、どこでも、誰でも、

学ぶことができる世の中へ。

旺文社

大学入試 全レベル問題集

英文法

国士舘大学教授 小崎 充 著

2 入試必修・共通テストレベル

三訂版

はじめに

『大学入試 全レベル問題集 英文法』シリーズは，レベル１～ ５の５段階で構成されています。高校１・２年生の基礎固めのレベルから，私大中堅～上位校，さらには難関大レベルまで，すべてのレベルの問題がそろっているので，皆さんの今の実力にぴったり合った１冊で入試対策をスタートできます。大学入試で問われる英文法に関する知識を，入試過去問題で定着させながら段階的にレベルアップしていき，最終的には志望大学合格レベルまで着実に得点に結びつけられるように編集されています。

大学入試で出題される文法問題には，長文読解問題とは異なる難しさがあります。長文読解問題では，数百語の長さの文章が与えられているため，わからない部分があったとしても，前後，周辺の文脈から意味を推測することができます。しかし，文法問題では，わずか１～ ２行程度で示される英文の意味を文脈による推測に頼らずに正確にとらえ，正解を導く必要があるのです。

本シリーズに掲載する演習問題を選定する際に最も注意を払ったのは，大学入試で問われる重要文法事項をできる限り広く扱うのは当然として，皆さんが問題を解いていく中で，文の意味を確定する力となる“ 文脈推理力 ”を高めていくのにより効果的な問題を，可能な限りたくさん含めることでした。

ですから，この問題集を利用して学習することで，英文法の知識が確かなものとなるだけではなく，文脈を想像する力が増強されることで，文の意味をより正確にとらえることが可能になり，長文読解問題に取り組む際の強力な武器を手にすることになるでしょう。そして，それは大学でも，さらには社会に出てからも，皆さんにとって大きなアドバンテージになるものと信じています。

小崎　充

目 次

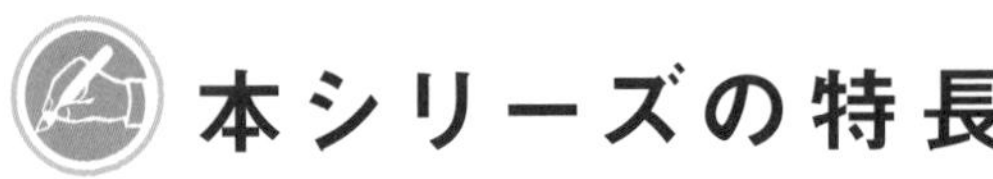

本シリーズの特長

「大学入試 全レベル問題集 英文法」シリーズには以下の特長があります。

1.「例題」⇒「押さえる」⇒「差がつく」の3部構成

本シリーズでは，それぞれの文法項目の知識を皆さんに徐々に深く身につけてもらう目的で，次のような3段階での学習を提案しています。①まずは簡潔に文法事項をおさらいするための**例題**，②基礎問題の**「押さえておきたい6題」**，③応用問題の**「差がつく15題（10題）」**の3段階学習です。「差がつく」が全問正解できるようになると，実際の入試で本書と異なる設問形式で問われても対応できるような力がついているという目安になります。

2. 学習効率重視のレイアウトと出題

本シリーズでは，なるべくコンパクトな形の問題演習を目指しました。見開きページ内で**問題と解答解説が1対1で見られるようなレイアウト**となっているのも，読者の皆さんにリズム良くどんどん解いていってほしいからです。また，知識の定着を最大の目的としているので，四択問題や整序問題などの**スタンダードなタイプの設問形式を中心に**収録問題を選出しています。

3. 入試過去問題から良問を精選

本問題集に収録されている問題のほとんどが，**実際の入試で出題された過去問題**です。過去15年分以上，約6万5,000件の入試問題データから，レベル2に適した約300題を精選しました。

4. 総仕上げ——ランダム問題で真の実力を養成

実際の入試では，どの文法項目が対象となって出題されているのか，明らかにはされていません。まず，本書の第1～12章では知識の整理と拡充をするため，それぞれの文法項目に分けて問題演習を行います。各文法項目ごとにしっかり学習を終えたあとは，巻末の**いろいろな文法項目からランダムに問題を集めた**「ランダム20題で力だめし！」に取り組みましょう。このランダム問題は，本書の卒業テストの位置づけです。不正解だった問題は，解説中に示された章に必ず戻って，しっかりと復習しましょう。

志望校レベルと「全レベル問題集 英文法」シリーズのレベル対応表

＊ 掲載の大学名は購入していただく際の目安です。また，大学名は刊行時のものです。

本書のレベル	各レベルの該当大学
① 基礎レベル	高校基礎～大学受験準備
② 入試必修・共通テストレベル	入試必修・共通テストレベル
③ 私大標準レベル	日本大学・東洋大学・駒澤大学・専修大学・京都産業大学・近畿大学・甲南大学・龍谷大学・札幌大学・亜細亜大学・國學院大學・東京電機大学・武蔵大学・神奈川大学・愛知大学・東海大学・名城大学・追手門学院大学・神戸学院大学・広島国際大学・松山大学・福岡大学 他
④ 私大上位レベル	学習院大学・明治大学・青山学院大学・立教大学・中央大学・法政大学・芝浦工業大学・成城大学・成蹊大学・津田塾大学・東京理科大学・日本女子大学・明治学院大学・獨協大学・北里大学・南山大学・関西外国語大学・西南学院大学 他
⑤ 私大最難関・国公立大レベル	［私立大学］早稲田大学・慶應義塾大学・上智大学・関西大学・関西学院大学・同志社大学・立命館大学 他 ［国公立大学］北海道大学・東北大学・東京大学・一橋大学・東京工業大学・名古屋大学・京都大学・大阪大学・神戸大学・広島大学・九州大学 他

著者紹介：**小崎 充**（こざき まこと）

北海道生まれ。東京外国語大学外国語学部英米語学科卒。同大学院修士課程修了。現在，国士舘大学理工学部人間情報学系教授。主著は『入門英文法問題精講［4訂版］』（旺文社），『快速英単語 入試対策編』（文英堂）など。
日本語でも外国語でも，自分がどんな言葉を使っているのかを意識する力を『メタ言語能力』と言います。言葉の学びでは，このメタ言語能力を高めていくことが重要であり，文法学習もメタ言語能力の向上にとても役立ちます。そして，それがリーディングやリスニングのスキル上達につながっていきます。

〔協力各氏・各社〕

装丁デザイン：ライトパブリシティ
本文デザイン：イイタカデザイン
校　　正：（株）交学社，Jason A. Chau，Nadia McKechnie，（株）友人社
編集協力：（株）カルチャー・プロ
編集担当：須永亜希子

本書の使いかた

STEP 1

まずは文法知識をおさらい

問題を解く前に，**ウォームアップ**として文法事項のおさらいをしておきましょう。それぞれ**文法項目の概念**と，**大学入試で狙われるポイント**がまず各章のはじめに述べられています。このページでは3つの例題で，端的にポイントを復習できるようになっています。ここでわからないことが出てきたら，手間を惜しまずに一度教科書や英文法の参考書に戻ってください。文法・語法情報が掲載されている英和辞典を引いてみることもおすすめします。このひと手間が知識を強固なものにします。

STEP 2

基礎問題　「押さえておきたい6題」で正答率100%を目指す！

各章に，四択空所補充形式に特化した「押さえておきたい6題」を設けました。この6題は，とりこぼしのないように**必ず押さえておきたい基本問題**ばかりを精選しました。間違えた箇所は必ず復習し，**100%の知識の定着**を心がけましょう。スピーディーに基本事項だけおさらいしたい人は，この各章の6題を1冊通しで解いてみるのもおすすめです。

STEP 3

応用問題　ライバルに差をつけろ！　応用問題で練習を積もう！

やや難度を上げた応用問題「差がつく○題」では，**入試即応の実戦力**を養うため，整序問題などのさまざまな問題形式でトレーニングができるように編集されています。ここには，その章の知識定着にふさわしい題数（10 ～ 15題）が収録されています。演習量をこなすことで文法知識は定着していくものです。さらに，基礎文法事項を使えるものにするためには，多くの例文に触れ，多くの用法に出会うことが必須です。ぜひ意欲的に取り組んでください。

STEP 4

「ランダム問題」で総仕上げ！

文法項目をシャッフルして20題の設問を掲載しています。1冊の学習内容がしっかり身についたかどうか，ここで確認してください。1問1分目安で，ぜひ制限時間を意識しながら解いてみてください。間違った問題は該当する章に戻ってしっかり復習をしましょう。

本書で使用している記号一覧

Vpp	動詞の過去分詞
/, [ ]	言い換え
( )	省略可
×	誤りを示す
自	自動詞
他	他動詞
名	名詞
形	形容詞
副	副詞
接	接続詞
前	前置詞
熟	熟語

S	主語
V	動詞
O, O_1, O_2	目的語
C	補語
S´, V´, O´, C´	節中などにおける文の要素
(V)	疑問文 , 倒置における be 動詞および助動詞
□	節を導く接続詞，関係詞など

自動採点について

採点・見直しができる無料の学習アプリ「学びの友」で簡単に自動採点することができます。

① 以下の URL か右の二次元コードから，公式サイトにアクセスしてください。

https://manatomo.obunsha.co.jp/

② アプリを起動後，「旺文社まなび ID」に会員登録してください。(無料)

③ アプリ内のライブラリより本書を選び，「追加」ボタンをタップしてください。

※ iOS／Android 端末，Web ブラウザよりご利用いただけます。

※本サービスは予告なく終了することがあります。

1 動詞・時制

この章では，文の骨格をなす動詞とそれが示す時を決める時制について，過去時制と現在完了形の違いなどの基本を復習するとともに，動詞によって異なる文型のそれぞれの特徴を確認しましょう。

Check 1 過去進行形の用法

次の文の空所に最も適切なものを選んで入れよ。

I didn't notice the telephone ringing because I [　　　] a shower at that time.

① was taking　② have been taking
③ have taken　④ take　（玉川大）

正解 ①

解説 「電話が鳴っているのに気づかなかった」という過去の出来事に関し，その理由を述べていて，過去時制が必要です。ここでは，**過去進行形**の ① **was taking** を用い，過去の継続中の動作の途中で，別の出来事が生じたことが示されています。

和訳 そのときシャワーを浴びていたので，私は電話が鳴っているのに気づかなかった。

■ 過去時制と過去進行形

過去時制と過去進行形を組み合わせることで，過去のある出来事の継続中に別の出来事が起きたことを表せます。

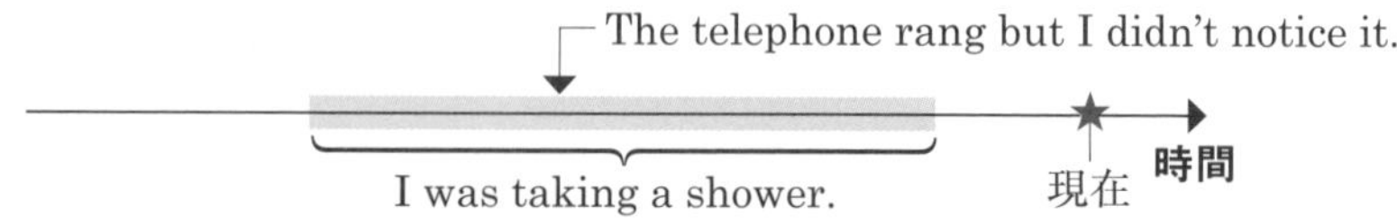

Check 2 自動詞と他動詞の区別

次の文の空所に最も適切なものを選んで入れよ。

We [　　　] the global problem till late at night.

① discussed　② discussed about　③ talked　④ talked at　（清泉女子大）

正解 ①

解説 動詞 discuss「～について議論する」は**他動詞**で，直後に目的語となる名詞句を置く〈**S＋V＋O**〉の**第 3 文型動詞**です。よって正解は ① **discussed** です。

和訳 私たちは夜遅くまで世界の問題について話し合った。

個々の動詞がどのような文型をとるかが最も重要な基本情報です（Check 2 参照）。さらに未来の意味でも現在形が用いられる『時・条件』の副詞節についての知識（Check 3 参照）もよく問われます。

■ **自動詞と間違えやすい他動詞**：他動詞は前置詞を用いずに目的語を後続させます。

×：They are **discussing *about*** the issue now.　彼らは今その問題について
○：They are **discussing** the issue now.　議論している。
×：Another typhoon is **approaching *to*** Tokyo.　もう1つの台風が東京に接
○：Another typhoon is **approaching** Tokyo.　近している。

そのほかにも自動詞と間違えやすい他動詞があるので気をつけましょう。

～に答える：	○ S answer＋O	× S answer **to** ～
～に出席する：	○ S attend＋O	× S attend **to** ～
～について考える：	○ S consider＋O	× S consider **about** ～
～に入る：	○ S enter＋O	× S enter **into** ～

Check 3 未来を表す時・条件の副詞節中の時制

次の文の空所に最も適切なものを選んで入れよ。
My father and I will be waiting for you at the airport when you ＿＿＿.
① arrive　② will arrive　③ are arrived　④ arriving　（札幌学院大）

正解 ①

解説 「**時・条件**」の**副詞節中**では，**未来の意味でも現在形**を用いるのが原則です。この問題では，主節が will be waiting という未来進行形になっていますが，空所が when で導かれる時の副詞節中なので，正解は ① **arrive** となります。

和訳 あなたが到着するときには父と私が空港であなたを待っています。

■ **時・条件の副詞節中の時制**

意味	形式
未来	現在時制（S *do*）
未来完了	現在完了形（S have *done*）

when や if などの接続詞で導かれる副詞節中では，未来の意味でも現在形が用いられます。同様に，未来完了の意味でも現在完了形が用いられます。

I will go home **when** she ***returns***.　彼女が戻ったら私は帰宅します。
I will lend you the book **when** I ***have finished*** it.
私が読み終わったらその本を貸してあげます。

押さえておきたい6題

空所に最も適切なものを選んで入れよ。

1 Jeremy [　　　] stamps since he was a child.

① collects　② has been collecting
③ is collecting　④ was collecting

（愛知学院大）

2 Why don't we rent a car and go to the beach if it [　　　] sunny tomorrow?

① is　② will be　③ would be　④ was

（神奈川大）

3 My sister seemed very sleepy because she [　　　] all night.

① studies　② is studying
③ has been studying　④ had been studying

（名城大）

4 He said that he [　　　] that book two years before.

① wrote　② should write　③ has written　④ had written

（中京大）

5 My father says he wants to talk to me as soon as he [　　　] home from his trip.

① gets　② got　③ is getting　④ will get

（東京経済大）

6 Don't [　　　] down on the ground even if you are very tired.

① lay　② laid　③ lain　④ lie

（佛教大）

1　②

▶ **since** ～「**～以来**」という表現があることから，「彼が子供だった」という過去の時点から現在までの継続を表す**現在完了形**が適切です。ここでは，さらに現在完了進行形の ② にすることで，現在も継続中の行為であることが明確になります。

和訳 ジェレミーは子供のころから切手を集めている。

2　①

▶ **条件の副詞節中**では未来の意味でも**現在時制**が用いられます。本問の if節は「もし明日晴れたら」という条件の副詞節なので，現在形 ① **is** を用いるのが適切です。

和訳 明日晴れたら，車を借りてビーチに行こうじゃないか。

3　④

▶ seemed very sleepy「とても眠そうに見えた」という過去の出来事に対し，その理由を述べていますが，「勉強していた」のは「眠そうに見えた」時より以前の出来事なので，④ **had been studying** という**過去完了進行形**が適切です。

和訳 私の姉[妹]は一晩中勉強をしていたので，とても眠そうに見えた。

4　④

▶ 主節が He said と過去時制になっていて，that節中に two years before とあることから，過去のある時点より以前であることを表す**過去完了形**が適切だとわかります。したがって，④ **had written** が正解です。

和訳 彼は２年前にその本を書いたと言った。

5　①

▶ **as soon as** ～「**～するとすぐに**」は**時の副詞節**を導く接続詞として働きます。時・条件の副詞節中では未来の意味でも現在時制を用いるので，① **gets** が正解です。

和訳 私の父は旅行から帰ったらすぐに私と話がしたいと言っている。

6　④

▶ 自動詞と他動詞の区別は非常に重要です。① **lay**「**～を置く**」は**他動詞**で，**lay－laid－laid** という活用変化をします。一方，**自動詞 lie**「**横になる，(～に) ある**」は **lie－lay－lain** という活用です。ここでは空所後に目的語となる名詞がなく，副詞 down があることから自動詞が必要と判断し，④ **lie** が正解になります。

和訳 とても疲れていたとしても，地べたに横になってはいけません。

差がつく15題

1～12：空所に最も適切なものを選んで入れよ。

1 Mr. Kim is out of his office now. We don't know when he [　　] back.

① comes　② coming　③ had come　④ will come

（広島工業大）

2 This emergency medical kit [　　] several types of medicine.

① is containing　② was containing
③ contains　④ contain

（松山大）

3 My father [　　] on a business trip three days ago.

① goes　② went　③ has gone　④ had gone

（日本大）

4 It seems [　　] that the singer's new album will sell well.

① certain　② certainly　③ certainness　④ certainty

（中部大）

5 In high school, we learned that Kinkakuji [　　] in 1397.

① had been built　② builds　③ was built　④ built

（神奈川大）

1 ④

▶ 時や条件の副詞節中では未来の意味でも現在時制を用いるという原則がありますが，本問では，when が導く節は副詞節ではなく，**「いつ～するか」**という意味で，**他動詞 know の目的語となる名詞節**であり，この場合は未来のことを助動詞 will などを用いて表現します。よって，正解は ④ **will come** です。

和訳 キム氏は今オフィスにいません。彼がいつ戻るかはわかりません。

2 ③

▶ 他動詞 contain は**「～を含んでいる」**という**状態を表す動詞**です。状態を表す動詞は通常は進行形にならないので，③ **contains** という現在時制が正解になります。ふつう，状態動詞を進行形で用いると，「(いつもとは違って) 一時的に」というニュアンスが表されます。

語句 emergency medical kit 名「救急医療キット」

和訳 この救急医療キットにはいくつかの種類の薬が入っている。

3 ②

▶ 文末に three days ago「3 日前に」という過去の特定時点を示す副詞句があるので，現在完了形は用いられず，**過去時制**である ② **went** が正解となります。

語句 go on a trip 熟「旅行に行く」

和訳 私の父は 3 日前に出張に出かけた。

4 ①

▶ **〈It seems + C + that ...〉**で**「…ということは～のように思える」**という意味が表されます。C (補語) には形容詞が必要なので，① **certain** が正解です。副詞の ② certainly を選ばないように注意しましょう。また，sell は自動詞として副詞を伴って「売れ行きが～である」という意味も表します。

和訳 その歌手の新しいアルバムはよく売れることが確実のようだ。

5 ③

▶ learned という過去時制の動詞の目的語となる that 節中ですが，「金閣寺が建てられた」という**歴史上の事実**を述べているので，**時制の一致の例外**となり，過去完了形ではなく，過去形が用いられます。よって ③ **was built** が正解です。

和訳 高校で，私たちは金閣寺が 1397 年に建てられたと習った。

6 Someone [　　　] the tickets were free.

① said me　② said me that　③ told me　④ told me to me

（東京電機大）

7 This book describes the scenery in Scotland so vividly that it makes you [　　　] as if you are in Scotland.

① feeling　② felt　③ feel　④ to feel

（愛知大）

8 Her dreams have [　　　] true.

① turned　② come　③ gotten　④ gone

（九州国際大）

9 It [　　　] me about ¥5,000 to go to Nagoya from Osaka by train.

① charges　② costs　③ spends　④ pays

（摂南大）

10 The man [　　　] his job in 2011, and he has been looking for a job since then.

① has lost　② had lost　③ lost　④ was lost

（佛教大）

6 ③

▶ 動詞 say も tell も that 節を後続でき，that は省略可能ですが，say は人を直接目的語にはできないので，①，② は不可で said to me とする必要があります。一方，tell は人を直接目的語にすることができ，③ **told me** が正解になります。

和訳 チケットは無料だと誰かが私に言った。

7 ③

▶ 〈make＋O＋*do*〉で「**O に do させる**」という使役の意味が表されます。よって，正解は原形の ③ **feel** となります。

語句 describe 他「～を述べる」，scenery 名「景色」，vividly 副「鮮明に」，as if ～ 接「まるで～のように」

和訳 この本はスコットランドの風景をとても鮮明に記述しているので，あなたはまるでスコットランドにいるかのように感じるでしょう。

8 ②

▶ 動詞 **come** には〈**S＋V＋C**〉の**第 2 文型**で「**～になる**」という意味があります。ここでは come true で「本当のことになる」，すなわち「実現する」という意味になります。go にも「～になる」の意味がありますが，go bad「悪くなる，(食べ物などが) 腐る」などのように主に好ましくない状態への変化を表す場合に用います。

和訳 彼女の夢が実現した。

9 ②

▶ 空所後に me と about ¥5,000 の 2 つの目的語があることに注目します。〈**S＋V＋O_1＋O_2**〉の第 4 文型動詞が必要ですが，動詞 cost を用いると，〈**it costs＋人＋金額＋to *do***〉で「**do するのに人に金額がかかる**」という費用を表す表現になります。よって ② **costs** が正解です。① の charge は〈charge＋人＋金額＋for ～〉で「人に～代として金額を請求する」の意味です。

和訳 大阪から名古屋まで電車で行くには 5 千円ぐらいかかる。

10 ③

▶ コンマより後で has been looking という現在完了進行形が用いられていますが，その前に「2011 年に」という**過去の特定時点**が示されているので，現在完了形ではなく**過去形**を用いる必要があります。よって ③ **lost** が正解です。

和訳 その男性は 2011 年に仕事を失い，それ以来仕事を探し続けている。

11 The noise from the street [ ] him awake all night.

① caused ② carried ③ kept ④ allowed

(大阪学院大)

12 She [ ] TV for half an hour when someone knocked at the door.

① is watching ② has been watching
③ had been watching ④ would be watching

(獨協大)

13〜15：与えられた語を並べ替えて，文を完成させよ。

13 熱帯雨林の環境汚染はいっそう悪い方向に進んでいる。

Environmental pollution in [ ] [ ] [ ] [ ] [ ] [ ] [ ] for the worse.

① the ② rain ③ tropical ④ forest
⑤ been ⑥ has ⑦ changing

(神戸学院大)

14 遅くとも来週の火曜日までには，彼は必要なデータすべてを顧客から受け取っているだろう。(1語不要)

He [ ] [ ] [ ] all of the necessary data from his client by next Tuesday [ ] [ ] [ ].

① at ② have ③ latest ④ will
⑤ the ⑥ received ⑦ has

(福岡大)

15 この時計を買ってからかれこれ10年になるが，まだ一度も修理してもらったことがありません。(1語不要)

It's about ten years since I bought this watch, but I [ ] [ ] [ ] [ ] [ ].

① mended ② once ③ it ④ had ⑤ never ⑥ have

(千葉工業大)

11 ③

▶〈**keep＋O＋C**〉という第5文型の形で「**OをCのままにしておく**」という意味となります。よって，③ **kept** が正解です。kept him awake で「彼を目覚めた状態にしておく」，つまり「眠らせないでおく」という文意になります。

和訳 通りからの騒音で彼は一晩中眠れなかった。

12 ③

▶「誰かがドアをノックをした」という過去の特定の時点までに「テレビを見る」という行為が継続していたと考えられるので，過去完了の進行形である③ **had been watching** が正解です。①，② ではいずれも現在も進行中の出来事になります。

和訳 誰かがドアをノックしたとき，彼女は30分テレビを見ていたところだった。

13 ①③②④⑥⑤⑦ Environmental pollution in **the tropical rain forest** (S) **has been changing** (V) for the worse.

▶ まず，前置詞 in の後に「熱帯雨林」the tropical rain forest (①③②④) を置いて主部を作ります。その後に述部となる**現在完了進行形**の has been changing (⑥⑤⑦) を配置して完成です。change for the worse で「より悪い方向に変化する」という意味です。

14 ④②⑥，①⑤③ He (S) **will have received** (V) all of the necessary data (O) from his client by next Tuesday **at the latest**.〔不要語：⑦ has〕

▶「来週の火曜日までには…受け取っているだろう」から，未来の時点で完了している動作を表す**未来完了形**を考えます。未来完了形は will have Vpp なので，will have received (④②⑥) をまず作ります。後半は，「遅くとも」の意味なので，at the latest (①⑤③) という慣用表現を用いればよいことになります。

15 ⑥⑤④③① It (S)'s (V) about ten years (C) since I (S′) bought (V′) this watch (O′), but I (S) **have never had** (V) **it** (O) **mended** (C).〔不要語：② once〕

▶「まだ一度も～ない」なので，経験のないことを示す**現在完了形の否定**を用います。まず，have never had (⑥⑤④) で否定完了形を作り，その後に〈have＋O＋Vpp〉「Oを～してもらう」という構造が現れるように，it mended (③①) を続けて完成させます。

2 助動詞

この章では，助動詞の基本用法に関する知識を前提に，助動詞によって表される多様な意味に関する情報を整理しましょう。また，助動詞を含んださまざまな慣用表現についても確認していきましょう。

Check 1 特殊な形の助動詞

次の文の空所に最も適切なものを選んで入れよ。

He's still sleeping. He [　　　] to go to class.

① ought　② must　③ cannot　④ should　（広島工業大）

正解 ①

解説 助動詞の後ろは原形動詞が原則です。この問題では，空所の後に to go があるので，②～④は入れることができません。**ought to *do*** で「**do すべきだ**」という助動詞表現があるので，正解は ① **ought** となります。

和訳 彼はまだ寝ている。彼は授業に行くべきなのに。

■ ought to *do* の用法：義務・推量

We ***ought to*** keep our room clean.　私たちは部屋をきれいにしておくべきだ。

否定：We ***ought not to*** break a promise.　私たちは約束を破るべきではない。

疑問：***Ought*** we ***to*** follow these rules?　私たちはこれらの規則に従うべきですか。

Check 2 〈助動詞＋have Vpp〉

次の文の空所に最も適切なものを選んで入れよ。

We really enjoyed the party yesterday. You [　　　] it, too.

① should join　② need not join

③ should have joined　④ need not have joined　（札幌学院大）

正解 ③

解説 「昨日のパーティー」という過去のことについて語っているので，過去の意味を表す必要があります。〈**should＋have Vpp**〉で「**～すべきだった（のにしなかった）**」という意味になるので，③ **should have joined** が正解です。④でも過去の意味を表せますが，「参加する必要はなかったのに（した）」の意味なのでここでは意味的に不適切です。

和訳 私たちは昨日，パーティーを本当に楽しみました。あなたも参加するべきでしたね。

過去の行為に関する非難・後悔を表す〈助動詞＋have Vpp〉の用法が最も頻出です（Check 2 参照）。また，助動詞の否定での not の位置（p.20 押さえておきたい 6 題：2 参照）や，否定の意味（p.20 押さえておきたい 6 題：4 参照）についてもよく出題されます。

■〈助動詞＋have Vpp〉の意味

〈助動詞＋have Vpp〉で過去のことに対する非難・後悔が表されます。

You **should** [**ought to**] ***have finished*** the report yesterday.
あなたは昨日レポートを終わらせるべきだった（のにしなかった）。

You **should not** [**ought not to**] ***have gone*** there last week.
あなたは先週そこに行くべきではなかった（のに行ってしまった）。

You **need not** ***have come*** here today.
あなたは今日ここに来る必要はなかった（のに来た）。

Check 3 助動詞の慣用表現

次の文の空所に最も適切なものを選んで入れよ。

I would ＿＿＿ such an expensive dictionary.

① rather not buy　② not rather buy
③ rather not to buy　④ not rather to buy　（佛教大）

正解 ①

解説 **would rather *do*** で「**どちらかというと do したい**」という意味になりますが，その否定の「**do したくない**」は would rather not *do* で表現します。よって ① **rather not buy** が正解です。

和訳 私はどちらかというとそんな高価な辞書を買いたくない。

❗ 助動詞 would を用いた慣用表現

- I **would rather *go*** to the movies.　私はどちらかというと映画に行きたい。
- I **would rather *go*** to the movies **than *stay*** home.
  私は家にいるよりもむしろ映画に行きたい。
- I **would rather *not stay*** home.　私はどちらかというと家にいたくない。
- I **would like to *go*** to the movies.　私は映画に行きたい。
- I **would like *you* to *go*** to the movies with me.
  私はあなたに一緒に映画に行ってほしい。

押さえておきたい6題

空所に最も適切なものを選んで入れよ。

1 I [ ] work overtime every day last week.

① might　② must　③ had to　④ ought to

(亜細亜大)

2 You had better [ ] to the place alone.

① not go　② not to go　③ not going　④ not to going

(札幌大)

3 Now that you have become a section chief, you [ ] behave as a leader.

① can't　② must　③ might　④ may not

(広島工業大)

4 You [ ] introduce me to the professor because we have already met.

① never　② are supposed to　③ should
④ do not have to　⑤ will

(立正大)

5 They lock the gate at eleven o'clock. We [ ] be late.

① don't have to　② haven't got to　③ mustn't
④ need to　⑤ needn't　⑥ should

(金沢工業大)

6 What time [ ] go to school tomorrow?

① you should　② have you　③ you have　④ do you have to

(広島修道大)

1 ③

▶ 文末に last week「先週」という表現があり，過去の話だとわかるので，**have to *do*「do しなければならない」**の過去形の ③ **had to** を選びます。

語句 work overtime 熟「残業する」

和訳 私は先週，毎日残業をしなければならなかった。

2 ①

▶ had better *do*「do する方がよい」の否定は had not better *do* ではなく，**had better not *do*** で原形動詞の直前に否定語を置きます。よって ① **not go** が正解です。

和訳 あなたはその場所にひとりで行かない方がよい。

3 ②

▶ **now (that) ～** は「**(いまや) ～なのだから**」という理由を表す接続詞で，「課長になった」という理由が示されているので，「**義務**」を意味する ② **must** が正解になります。

語句 section chief 名「課長」，behave 自「振る舞う」

和訳 あなたは課長になったのだから，リーダーとして振る舞わなければいけない。

4 ④

▶ because 以下の節で「すでに会ったことがある」と言っているので，「紹介の必要はない」と考え，have to *do* の否定となる ④ **do not have to** を選びます。

語句 be supposed to *do* 熟「do することになっている，do しなければいけない」

和訳 私たちはすでに会ったことがあるので，私を教授に紹介する必要はありません。

5 ③

▶ 先行する文で「門限が 11 時だ」と言っていることから，「遅れてはいけない」と考え，〈must + not〉で「～してはいけない」という禁止の意味となる ③ **mustn't** が正解です。①，②，⑤では「～する必要はない」という意味になります。

和訳 11 時に門に鍵がかけられます。私たちは遅れてはいけません。

6 ④

▶ 文が疑問文になっていることを確認します。have to *do*「do しなければならない」の疑問文の形は〈do + S + have to *do*〉になるので，④ **do you have to** が正解です。

和訳 あなたは明日何時に学校に行かなければいけないのですか。

差がつく 15 題

1～11：空所に最も適切なものを選んで入れよ。

1 If you like, you [　　] use this computer for your coming presentation.

① ought to　② should
③ must　④ can

（神奈川大）

2 Sales of music CDs have already started to fall, and some CD stores [　　] in the future.

① must have disappeared　② may disappear
③ need disappear　④ should be disappeared

（東京経済大）

3 You should [　　] good news before long.

① received　② receiving
③ be receiving　④ have been received

（東海大）

4 She [　　] often come to see us when she was a child.

① has　② should　③ would　④ would have

（玉川大）

5 Students [　　] to smoke on campus.

① may not have permitted　② must not to permit themselves
③ ought not to allow　④ shouldn't be allowed

（東京経済大）

1 ④

▶ 文頭に If you like「よろしければ」とあり，相手の意向を尊重しているので，① ought to と ② should「～すべきだ」，③ must「～しなければいけない」では意味的に不適切です。「**～してもよい**」という「**許可**」の意味を持つ ④ **can** が正解となります。 **語句** coming 形「次の，今度の」

和訳 お望みなら，今度のプレゼンテーションではこのコンピュータを使ってよいです。

2 ②

▶ ② **may disappear** で「消えるかもしれない」という「**推量**」の意味が表されるので，②が正解です。①は〈must＋have Vpp〉なので「～したにちがいない」という過去の事柄に関する強い確信になります。また，助動詞の need は通例，否定文・疑問文で用いるので③は不適切です。④は disappear は自動詞で受動態の形にはできないので，誤りです。

和訳 音楽 CD の売り上げはすでに落ち始めているので，CD 店の一部は将来姿を消すかもしれない。

3 ③

▶ 助動詞の後は原形動詞が置かれるので，③か④ということになりますが，④では receive が受動態になっており，後に目的語 good news は置けません。よって，③ **be receiving** が正解です。この問題の **should** は「**当然～のはずだ**」という意味で，さらに進行形にすることで，未来の予定の意味を含んでいます。

和訳 あなたは間もなくよい知らせを受け取ることになるはずです。

4 ③

▶ 助動詞 **would** には過去の（不定期に）反復された行為を表し「**（よく）～したものだ**」という意味があります。よって ③ **would** が正解です。①では現在完了になるので，過去の特定時点を表す when 以下の節と時間関係が整合しません。

和訳 子供のころ，彼女はよく私たちに会いに来たものだ。

5 ④

▶ 空所後が to 不定詞になっている点に注目します。〈**permit＋O＋to *do***〉と〈**allow＋O＋to *do***〉はいずれも「**O が do することを許す**」という他動詞用法ですが，ここでは空所後に目的語がないので，受動態が必要と判断し，④ **shouldn't be allowed** が正解です。②は permit の後に目的語 themselves がありますが，must の後に to があるので不適切です。

和訳 学生たちはキャンパスでたばこを吸うことを許されるべきではない。

6 He was a very stubborn person and [　　　] not listen to me.

① would　② could　③ should　④ might

（九州国際大）

7 She [　　　] have seen Henry in Osaka yesterday. He is still in England.

① cannot　② may　③ must　④ will

（日本女子大）

8 [　　　] a day when we forget this moment!

① May there never be　② There never be
③ Had been there　④ Must be there

（駒澤大）

9 I [　　　] have left my bag in the meeting room. I can't find it anywhere.

① will　② must　③ ought　④ shall

（名古屋学院大）

10 I got very nervous about the exam, but in the end I [　　　]; it was really easy.

① cannot worry　② cannot have worried
③ needn't worry　④ needn't have worried

（佛教大）

6 ①

▶ 助動詞 would は否定形で「**どうしても～しようとしなかった**」という「**過去における拒絶**」を表します。よって，① **would** が正解です。④ might は may の過去形ですが，単独では過去の意味を持たないことに注意しましょう。

語句 stubborn 形「頑固な，強情な」

和訳 彼は非常に頑固な人で，私の話をどうしても聞こうとしなかった。

7 ①

▶ 第2文に「彼はまだイギリスにいる」とあることから，昨日，ヘンリーが大阪にいた**可能性が否定**されていると考え，① **cannot** を用い，〈**cannot＋have Vpp**〉で「**～したはずがない**」が正しいと判断します。

和訳 彼女が昨日大阪でヘンリーを見たはずはない。彼はまだイギリスにいる。

8 ①

▶ 助動詞 may を文頭に置き，〈**May＋S＋*do* ～**〉で「**～しますように，～ありますように**」という「**祈願**」の意味が表現できます。there may never be ... の may が文頭に置かれた形を考えればよいので，① **May there never be** が正解となります。

和訳 私たちがこの瞬間を忘れるような日が決して来ませんように！

9 ②

▶ 空所後が〈**have Vpp**〉になっている点に注目します。第2文から「かばんが見つからない」という現在の状況が読み取れるので，「**置き忘れたに違いない**」という過去のことについての「**確信**」の意味〈**must＋have Vpp**〉が適切であり，② **must** が正解です。① では未来完了の意味となり，文意に合いません。

和訳 私は会議室にかばんを置き忘れたに違いない。どこにも見つからないのだから。

10 ④

▶ 最初の節の過去時制 got と文意から，〈**need not＋have Vpp**〉「**～する必要はなかった(のにしてしまった)**」という過去の意味を考え，④ **needn't have worried** を選びます。②では「～したはずがない」という「**過去の可能性の否定**」になります。

和訳 私は試験についてすごく不安だったが，結局，心配する必要はなかった。試験は本当に簡単だった。

11 There [ ] be a nice coffee shop here, but it closed down last month.

① could have　② may　③ used to　④ might

（東京経済大）

12〜15：与えられた語句を並べ替えて，文を完成させよ。

12 我々が考えていたよりもはるかに後になって，人間は火を使うことを習得したのかもしれません。

Humans [ ] [ ] [ ] [ ] [ ] [ ] [ ] we thought.

① fire　② have　③ later than　④ mastered
⑤ may　⑥ much　⑦ using

（武庫川女子大）

13 通りを渡るときは，どんなに注意してもしすぎるということはない。

You [ ] [ ] [ ] [ ] [ ] [ ] cross the street.

① too　② cannot　③ you　④ careful
⑤ be　⑥ when

（九州国際大）

14 彼女が息子のことを心配するのも無理はない。

She [ ] [ ] [ ] [ ] [ ] her son.

① about　② well　③ anxious　④ may　⑤ be

（玉川大）

15 彼らの話し方を聞いて笑わずにはいられませんでした。

I [ ] [ ] [ ] [ ] [ ] [ ] they talked.

① way　② help　③ the　④ couldn't
⑤ at　⑥ laughing

（九州国際大）

11 ③

▶ **used to *do*** で「**(今はそうではないが) 以前は do した**」という過去の状態を表す意味となるので，③ **used to** が正解となります。ここでは，〈There + be + 名詞〉の「**存在**」を示す構文の be 動詞の前に used to が置かれたと考えます。

語句 close down 熟「(店・会社が)廃業する」

和訳 ここにはかつて素敵な喫茶店があったが，先月，閉店してしまった。

12 ⑤②④⑦①⑥③ Humans (S) may have mastered (V) using fire (O) much later than we thought.

▶ まず，〈**may + have Vpp**〉「**～したかもしれない**」から，may have mastered (⑤②④) で「習得したのかもしれない」という過去に関する推量の表現を作り，その後に動名詞 ⑦ using とその目的語の ① fire を置きます。最後に「～よりずっと遅く」という much later than (⑥③) を配置して完成です。

13 ②⑤①④⑥③ You (S) cannot be (V) too careful (C) [when] you (S′) cross (V′) the street (O′).

▶ **cannot ～ too ...** で「**いくら～してもしすぎることはない**」という慣用表現です。助動詞 ② cannot の後に原形の ⑤ be とその補語として too careful (①④) を続けます。その後に接続詞の ⑥ when が導く節を when you (⑥③) と置けばよいことになります。

14 ④②⑤③① She (S) may well be (V) anxious (C) about her son.

▶ **may [might] well *do*** で「**do するのももっともだ**」という慣用表現があります。したがって，主語の She の後に may well (④②) を置き，その後に原形の ⑤ be とその補語の形容詞 ③ anxious を続け，最後に ① about を置いて完成です。

語句 be anxious about ～ 熟「～を心配する」

差がつくポイント **cannot help *doing*：do せずにはいられない**

15 ④②⑥⑤③① **I (S) couldn't help (V) laughing at the way (O) they (S′) talked (V′).**

▶ **cannot help *doing* を用い，まず，couldn't help laughing (④②⑥) を作り，自動詞 laugh の後に ⑤ at を続け「～を笑う」とします。前置詞 at の目的語は the way (③①) とし，the way (in which) they talked で「彼らの話し方」を完成します。**

★「do せずにはいられない」の表現

We couldn't help *laughing* at his joke.
= We couldn't help but *laugh* at his joke.
= We couldn't but *laugh* at his joke.
彼の冗談に笑わずにはいられなかった。

but の後ろは原形動詞であることに注意します。

3 受動態

〈be＋Vpp〉の形で「～される」という意味を表す受動態。この章では，この受動態の基本用法を確認するとともに，自動詞と他動詞の違いをしっかりと意識して，受動態と能動態を明確に区別できるようにしましょう。

☑Check 1 受動態の進行形

次の文の空所に最も適切なものを選んで入れよ。

While the presentation [　　　], a camera crew was recording for a local news story.

① has been made　② was being made
③ was making　④ made　（玉川大）

正解 ②

解説 受動態の進行形は「進行形＋受動態」というつながりで，〈**be＋being＋Vpp**〉の形になります。be動詞が連続する形になることに注意しましょう。

和訳 プレゼンテーションが行われている間，撮影班が地元のニュースのために録画をしていた。

■ 基本的な受動態の形

進行形：The bridge ***is being built*** now. その橋は今建設中だ。

完了形：The bridge ***has*** just ***been built***. その橋はちょうど建設されたところだ。

完了形＋進行形：The bridge ***has been being built*** since last May.
その橋は去年の５月から建設が続いている。

☑Check 2 動詞による受動態の違い

次の文の空所に最も適切なものを選んで入れよ。

The girl has [　　　] in piano by a famous pianist.

① given lessons　② lessons been given
③ been given lessons　④ had given lessons　（獨協大）

正解 ③

解説 動詞 **give** は**第４文型動詞**〈**S＋V＋O₁＋O₂**〉の形で用いますが，受動態は〈S(O₁)＋be given＋O₂〉，〈S(O₂)＋be given＋(to) O₁〉です。この文では空所前に has があり，さらに by ～ から完了形の受動態と判断し，③ **been given lessons** が正解です。①は能動文で，文末の by a famous pianist と整合しません。

和訳 少女は有名なピアニストにピアノのレッスンをしてもらっている。

by 以外の前置詞が後続する受動態（Check 3 など参照）や自動詞＋前置詞の受動態で後に前置詞が残る形（p.30 押さえておきたい 6 題：3 など参照）が頻出です。また使役動詞〈make＋O＋*do*〉の受動態（p.32 差がつく 15 題：2 参照）も重要です。

■ 動詞の文型と受動態の形

第 3 文型：$_S$The novel *was written* $_O$ by my friend.　〔O が主語〕

その小説は私の友人によって書かれた。

第 4 文型：$_S$She *was given* $_{O_1}$ $_{O_2}$an assignment.　〔O_1 が主語〕

彼女は課題を与えられた。

$_S$An assignment *was given* (to) $_{O_1}$her $_{O_2}$.　〔O_2 が主語〕

課題が彼女に与えられた。

第 5 文型：$_S$He *was elected* $_O$ $_C$President.　〔O が主語〕

彼は大統領に選ばれた。

Check 3　by 以外の前置詞を用いる受動態

次の文の空所に最も適切なものを選んで入れよ。

He is well known [　　　] the world as a pianist.

① by　② with　③ for　④ to　（愛知工業大）

正解 ④

解説 受動態で Vpp の後は必ずしも〈by＋名詞〉（＝動作主）になるとは限りません。be known の後は文の意味に応じて前置詞を注意深く選択する必要があります。ここでは，the world という「彼」の情報が届いている対象が示されているので，④ to が正解になります。

和訳 彼はピアニストとして世界に知られている。

■〈be known＋前置詞〉

・She **is known *to*** everybody in the country. 彼女は国中の皆に知られている。

・Naples **is known *for*** its scenic beauty. ナポリは景色の美しさで有名だ。

・He **is known *as*** the fastest runner in the world.
彼は世界最速のランナーとして知られている。

・A man **is known *by*** the company he keeps.
人は付き合っている人でどんな人かわかる。

押さえておきたい6題

空所に最も適切なものを選んで入れよ。

1 The illustration will not [　　　] in the book.

① include　② be including　③ be included　④ included

（国士舘大）

2 The tennis tournament had [　　　] because of the heavy snow.

① been canceling　② canceled
③ to cancel　④ to be canceled

（清泉女子大）

3 What type of music [　　　] by young people?

① is listened　② is listened to
③ is listening　④ listen to

（中部大）

4 Bad news about our baggage. It's [　　　] to Australia.

① sent　② been sent　③ sending　④ will be sent

（名古屋工業大）

5 The brain has two halves and [　　　] thin layers of skin.

① cover　② covering
③ are covered by　④ is covered with

（松山大）

6 I was [　　　] his sudden visit.

① surprised at　② surprised to
③ surprising at　④ surprising to

（山梨大）

1 ③

▶ 空所の前に助動詞の will があり，その後に否定の not が続いていますが，助動詞の後には動詞の原形を続けます。空所後に目的語となる名詞句がないので，「挿絵が含まれる」という意味にするために，〈**be 動詞の原形＋Vpp**〉の ③ **be included** という受動態を続け，未来を表す受動態を作ります。

和訳 その本には挿絵は含まれないでしょう。

2 ④

▶ **have to *do*「do しなければならない」**の *do* の部分に受動態が現れる場合には，助動詞の後は動詞の原形が続くという原則にしたがいます。「大会が中止される」という意味になる ④ **to be canceled** が正解です。

和訳 大雪のため，テニス大会は中止せざるを得なかった。

3 ②

▶ **listen to ～「～を聴く」**が受動態で用いられている文です。前置詞 to の目的語になる名詞句が疑問詞 what を用いて文頭に出ている形なので，前置詞 to が残る ② **is listened to** が正解となります。

和訳 どんな種類の音楽が若者に聴かれているのですか。

4 ②

▶ この問題では It's は It is ではなく，It has で，It は our baggage を指しています。「荷物が送られてしまった」という意味で，**has been Vpp** の完了形の受動態が適切です。よって ② **been sent** が正解です。 語句 baggage 名「荷物」

和訳 我々の荷物について悪い知らせです。オーストラリアに送られてしまったよ。

5 ④

▶ 動詞 cover の受動態で「**～で覆われている**」という意味では，前置詞は by ではなく，**with** が用いられます。よって ④ **is covered with** が正解です。③は are が文の主語の The brain と数が一致しないので明らかに誤りです。

和訳 脳は２つの半球からなり，薄い皮膚の層で覆われている。

6 ①

▶ **surprise** は**他動詞**で「**～を驚かせる**」という意味なので，「～が驚く」という意味を表すためには，**be surprised at［by］～** という受動態の形が求められます。よって，正解は ① **surprised at** になります。②は空所後が動詞の原形になっていないので，不適切です。

和訳 私は彼の突然の訪問に驚いた。

差がつく 15 題

1〜10：空所に最も適切なものを選んで入れよ。

1 Many people [　　　] in the traffic accident.

① killed　② were killed　③ were dead　④ had been dead

（名古屋学院大）

2 I was made [　　　] my name to the document against my will.

① to sign　② sign　③ have signed　④ signing

（神奈川大）

3 The plan [　　　] several revisions during the past few weeks.

① undergoes　② has been undergoing
③ to undergo　④ had been undergone

（札幌大）

4 On her way home from school, the little girl was [　　　] a stranger.

① spoken　② spoken to by　③ spoken to
④ spoke　⑤ spoken by to

（九州産業大）

5 The expansion of our company's business into Asia [　　　] as part of our effort to increase profit.

① is seeing　② is seen　③ see　④ sees

（近畿大）

1 ②

▶「(事故・戦争などで)死ぬ」という意味では **be killed** という受動態の形を用います。よって ② **were killed** が正解です。「死ぬ」という意味では，自 die は可能ですが，be dead は「死んでいる」という状態を表し，ここでは不適切です。なお，空所後の前置詞が by ではなく，in であることにも注意が必要です。

和訳 交通事故で多くの人々が死んだ。

2 ①

▶ 原形不定詞を用いる〈**make＋O＋*do***〉「**O に do させる**」の使役表現を受動態にする場合は，be made *do* ではなく，**be made to *do*** と補語を to 不定詞にします。よって，① **to sign** が正解です。 **語句** against *one*'s will 熟「～の意に反して」

和訳 私は自分の意思に反して書類に名前をサインさせられた。

3 ②

▶ 動詞 **undergo**「(変化･過程など)を経る」は〈**S＋V＋O**〉の**第 3 文型動詞**ですが，空所後に目的語の several revisions が残っているので，この文は受動態になりません。現在形の ① は during the past few weeks とともに用いることはできないので，② **has been undergoing** という能動態の現在完了進行形が正解になります。

和訳 その計画はここ数週間で何回かの修正を経ている。

4 ②

▶「話す」という意味の speak は自動詞であり，「～に話しかける」では **speak to ～** という形で前置詞 to が必要になります。その受動態は be spoken to となり，その後に動作主を示す by 句が続く ② **spoken to by** が正解です。

和訳 学校から家への帰り道に，少女は知らない人に話しかけられた。

差がつくポイント see *A* as *B*：A を B とみなす

5 ②

▶ **see *A* as *B*** は「**A を B とみなす**」という意味の表現で，この問題では，空所後に see の目的語がないので，受動態が必要です。よって，正解は ② **is seen** となります。 **語句** **expansion** 名「拡張」，**effort** 名「努力」，**profit** 名「利益」

和訳 わが社の業務のアジアへの拡張は，利益を増やすための努力の一部とみなされている。

☆「A を B とみなす」を意味する表現

- see *A* as *B*
- view *A* as *B*
- regard *A* as *B*
- look on［upon］*A* as *B*
- think of *A* as *B*
- consider *A*（to be）*B*

6 Even the biggest dictionary is incomplete, because the newest words still [ ] included.

① were ② have not ③ had not been
④ had not ⑤ have not been

（大東文化大）

7 The department store was full of people, and we [ ] farther inside by the crowd.

① pushing ② was pushed ③ give a push ④ got pushed

（東京経済大）

8 The portrait of the president was [ ] in the conference room.

① hung ② hanged ③ hang ④ hangs

（愛知工業大）

9 [ ] while I was fascinated by the street performance.

① I had my smartphone stolen
② I was stolen my smartphone
③ My smartphone had stolen
④ My smartphone stole

（大妻女子大）

10 The lady was seen [ ] shoes.

① be bought ② bought ③ buy
④ buying ⑤ to be bought

（明治学院大）

6 ⑤

▶ 最初の節で現在時制が用いられていることから，過去時制や過去完了形は不自然だと判断できます。さらに文末が included でその目的語がないため，受動態である ⑤ **have not been** が正解です。

和訳 最大の辞書でも完全ではない。というのも最新の語がまだ含まれていないからだ。

7 ④

▶ 動詞 push が用いられているので，be pushed という受動態が考えられますが，② は be動詞が was で主語の we と数が一致しません。よって，be動詞の代わりに get を用いた **get Vpp** の形の受動態である ④ **got pushed** が正解です。

和訳 デパートは人でいっぱいで，私たちは人ごみに押されて，さらに中に入ってしまった。

8 ①

▶ 動詞 hang には2つの活用タイプがあることに注意します。「**～を掛ける，～を吊るす**」という意味では **hang－hung－hung** の不規則変化ですので，① **hung** が正解です。「**～を絞首刑にする**」という意味では **hang－hanged－hanged** の規則変化になります。

和訳 社長の肖像画が会議室に掛けられていた。

9 ①

▶ 動詞 **steal** は〈**S＋V＋O**〉の**第3文型動詞**で，目的語を1つしかとることができません。したがって，② のように受動態で Vpp の後ろに目的語が残ることはなく，「盗まれる」という被害の意味では〈**have[get]＋O＋Vpp**〉の形を用います。よって，① **I had my smartphone stolen** が正解です。

和訳 私は路上パフォーマンスに興味を引かれている間にスマートフォンを盗まれた。

10 ④

▶ 動詞 see には〈**see＋O＋*doing***〉で「**O が do しているのを見る**」という知覚動詞のパターンがあります。ここでは，空所直前に was seen があり，受動態になっているので，**be seen *doing*** という語順になり，④ **buying** が正解です。なお，〈see＋O＋*do*〉「O が do するのを見る」の受動態は be seen to *do* なので ③ buy は不適です。

和訳 その女性は靴を買っているところを見られた。

11～15：与えられた語句を並べ替えて，文を完成させよ。

11 ジョージは生まれた時から祖父母に育てられている。
George [ ] [ ] [ ] [ ] [ ] [ ] [ ] [ ] since he was born.

① taken ② has ③ care ④ by ⑤ of
⑥ grandparents ⑦ been ⑧ his

（摂南大）

12 その件は今，委員会で検討しています。
The matter [ ] [ ] [ ] [ ] [ ] the committee.

① being ② looked ③ is ④ into ⑤ by

（佛教大）

13 西洋での印刷はグーテンベルグによって始められたと言われている。
Printing in [ ] [ ] [ ] [ ] [ ] [ ] [ ] [ ].

① Gutenberg ② have ③ is ④ originated
⑤ said ⑥ the West ⑦ to ⑧ with

（金沢工業大）

14 なぜトムが学校でからかわれたのか，知っていますか。
Do you know why [ ] [ ] [ ] [ ] [ ] [ ] [ ]?

① fun ② made ③ was ④ school
⑤ of ⑥ at ⑦ Tom

（白百合女子大）

15 No [ ] [ ] [ ] [ ] inside the office.

① permitted ② one ③ is ④ to smoke

（大阪経済大）

11 ②⑦①③⑤④⑧⑥ George **has been taken care of by his grandparents** since **he was born.**

▶「生まれた時から〜している」という日本語から継続を示す現在完了形を想定します。has been（②⑦）の後に過去分詞形の ① taken を配置しますが，**take care of 〜「〜の世話をする」**という群動詞を考え，care of（③⑤）を続けます。最後に動作主の by his grandparents（④⑧⑥）をつけて完成させます。

12 ③①②④⑤ The matter **is being looked into by** the committee.

▶ look into 〜 で「（問題・事件など）を調べる」という意味の表現です。ここでは調べられる対象の The matter が文の主語になっており，① being もあるので，受動態の進行形を考え，is being looked into（③①②④）を作ります。その後に動作主を示す ⑤ by による句を続けます。

13 ⑥③⑤⑦②④⑧① Printing in the West **is said to have originated with Gutenberg.**

▶ まず，⑥ the West を入れ，文の主語 Printing in the West を作り，その後に **be said to have Vpp「〜したと言われている」**という受動態の形で is said to have originated（③⑤⑦②④）を続け，最後に with Gutenberg（⑧①）を置き，完成です。この文は It is said that printing in the West originated with Gutenberg. と書き換えられます。

14 ⑦③②①⑤⑥④ Do you know **why Tom was made fun of at school**?

▶ **make fun of 〜** で**「〜をからかう」**という意味が表現されます。ここでは，why で始まる名詞節で ⑦ Tom を主語として受動態にするのが適切なので，Tom was made fun of（⑦③②①⑤）と並べます。その後に，at school（⑥④）「学校で」を続けて完成します。

15 ②③①④ No **one is permitted to smoke** inside the office.

▶ **〈permit＋O＋to *do*〉**で**「O が do するのを許す」**という意味で，その受動態は〈S（＝O）＋be＋permitted to *do*〉となります。よって，文頭の No の後に，② one（「人」の意味）を置いて主語を作り，その後に is permitted to smoke（③①④）を配置して完成させます。

和訳 オフィスの中では誰もたばこを吸うことは許されません。

4 仮定法

この章では，現実とは異なることを表現するために用いられる仮定法について，基本用法を整理し，あわせて関連する慣用的な表現を確認していきましょう。特に，仮定法の形式上の「時」と意味上の「時」の相違をしっかりと理解しましょう。

☑Check 1 仮定法の基本

次の文の空所に最も適切なものを選んで入れよ。

I could help you if I [　　　] more about your research.

① have known　② knew　③ know　④ were known　（金沢工業大）

正解 ②

解説 主節に〈助動詞＋原形動詞〉の could help が含まれていて，if節中の動詞の形が問われていますが，ほかに時間を特定する表現もみられないことから，現在の事実に反する仮定であることを表す**仮定法過去**の ② **knew** が正解と判断します。

和訳 私があなたの研究についてもっと知っていれば，お手伝いできるのに。

■ 仮定法の基本形

・**仮定法過去**：〈If＋S＋過去形 V，S＋助動詞の過去形＋V〉

If I ***knew*** her address, I ***could*** **email** her.

もし彼女のアドレスを知っていれば，彼女にメールを送れるのに。

・**仮定法過去完了**：〈If＋S＋過去完了形 V，S＋助動詞の過去形＋have Vpp〉

If I ***had known*** her address, I ***could have*** **emailed** her.

もし彼女のアドレスを知っていたら，彼女にメールを送れたのに。

☑Check 2 仮定法の慣用表現

次の文の空所に最も適切なものを選んで入れよ。

If it [　　　] not for your help, I would never succeed in finishing this paper.

① is　② have　③ were　④ had　（追手門学院大）

正解 ③

解説 **if it were not for ～** で「**もし～がなければ**」という意味の**仮定法過去**を用いた条件を示す慣用表現があります。したがって，③ **were** が正解です。

和訳 君の手助けがなければ，私はこの論文を決してうまく終わらせられないだろう。

仮定法は入試でも頻出項目ですが，特に仮定法過去と仮定法過去完了の区別（Check 1 参照），仮定法における条件を示すための慣用表現（Check 2 参照），さらには願望を表す表現で用いられる仮定法（Check 3 参照）なども重要です。

■ 仮定法の条件を示す慣用表現：～がなければ；～がなかったならば

〈仮定法過去〉

If it were not for your help,
Were it not for your help,
But for [**Without**] your help,
} we *would fail*.

あなたの助けがなければ，私たちは失敗するでしょう。

〈仮定法過去完了〉

If it had not been for your help,
Had it not been for your help,
But for [**Without**] your help,
} we *would have failed*.

あなたの助けがなかったならば，私たちは失敗していたでしょう。

Check 3 願望を表す仮定法

次の文の空所に最も適切なものを選んで入れよ。

I wish you [　　　] a little longer.

① are staying　② could stay　③ stay　④ will stay　（目白大）

正解 ②

解説 〈**wish + S + 仮定法過去**〉で「**～ならよいのに（と思う）**」という意味の，wish が示す時と同じ時の事柄に関する願望を表す表現になります。よって ② **could stay** が正解です。

和訳 あなたがもう少し長くいられればよいのですが。

■ 〈wish＋仮定法〉の用法

〈wish＋S＋仮定法過去〉：wish の示す時と同じ時の事柄に関する願望

- I wish he ***were*** a politician.　彼が政治家ならばなあ。
- I wish he ***could speak*** English.　彼が英語を話せればなあ。

〈wish＋S＋仮定法過去完了〉：wish の示す時より前の時の事柄に関する願望

- I wish he ***had been*** a politician.　彼が政治家だったならばなあ。
- I wish he ***could have spoken*** English.　彼が英語を話せていたらなあ。

押さえておきたい6題

空所に最も適切なものを選んで入れよ。

1 If I had not been ill, I [　　　] the party.

① attended　② have attended
③ would attend　④ would have attended

（東洋大）

2 If I were good with money, I [　　　] rich someday.

① am　② was　③ will be　④ might be

（東海大）

3 If you [　　　] the car instead of me, the accident might have been avoided.

① had driven　② had drove
③ have driven　④ would have driven

（中京大）

4 Our teacher scolds us as if we [　　　] his children.

① was　② were　③ have been　④ had been

（九州国際大）

5 [　　　] your help, we wouldn't have succeeded in this project.

① Considering　② Without　③ Because of　④ Believing

（神戸学院大）

6 I was very sleepy. Otherwise, I [　　　] to the library with you yesterday.

① went　② would go　③ had gone　④ would have gone

（名古屋学院大）

1 ④

▶ **if節中で過去完了形**が用いられているので，**仮定法過去完了**の帰結節中の形である〈**助動詞過去形＋have Vpp**〉の ④ **would have attended** が正解となります。

和訳 もし私が病気でなかったら，パーティーに出席していただろう。

2 ④

▶ **if節中に were** があることから，**仮定法過去**の文となり，〈**助動詞過去形＋V**〉の ④ **might be** が正解です。なお，might は may の過去形ですが，それ自体では過去の意味を表さないことに注意しましょう。

和訳 もし私がお金の使い方がうまければ，いつか金持ちになれるかもしれない。

3 ①

▶ コンマの後に〈**might＋have Vpp**〉の形があるので，**仮定法過去完了の条件節**を作ればよいことになります。よって，① **had driven** が正解です。

和訳 もし私の代わりにあなたが車を運転していたら，事故は避けられたのかもしれない。

4 ②

▶〈**as if＋S＋仮定法過去**〉で「**まるで〜であるかのように**」という意味の慣用表現です。よって ② **were** が正解になります。〈**as if＋S＋仮定法過去完了**〉では「**まるで〜であったかのように**」と，主節の動詞の示す時より前の時について表します。

和訳 先生はまるで私たちが彼の子供であるかのように私たちを叱る。

5 ②

▶ コンマの後で〈**助動詞の過去形＋have Vpp**〉が用いられているので，仮定法過去完了であり，「〜がなかったならば」という条件の意味を表す ② **Without** が正解です。

和訳 あなたの援助がなかったら，私たちはこのプロジェクトで成功していなかっただろう。

6 ④

▶ 副詞 **otherwise** は「**さもなければ**」という意味で，先行する内容に反する条件を示します。ここでは I was (very) sleepy という過去の事実に反する条件（＝if I had not been very sleepy）となりますので，仮定法過去完了の ④ **would have gone** が正解です。

和訳 私はとても眠かった。さもなければ，昨日君と一緒に図書館に行っただろう。

差がつく 15 題

1～10：空所に最も適切なものを選んで入れよ。

1 [　　　] it not for a leaking roof, I would buy the house.

① If　② Were　③ Had　④ With

（愛知大）

2 [　　　] more patience, you could have overcome the hardship.

① If　② Unless　③ Were　④ With

（東京国際大）

3 It's already midnight. It's high time you [　　　] in bed.

① are　② were　③ have been　④ will be

（名古屋学院大）

4 I wish I [　　　] abroad when I was a student.

① studied　② have studied
③ had studied　④ had been studied

（中京大）

5 [　　　] Sarah sing, you would have thought that she was a professional singer.

① Have heard　② Hear　③ Heard　④ To hear

（愛知学院大）

1 ②

▶ **if it were not for 〜「〜がなければ」**の慣用表現は，if を省略した上で，were を文頭に移動した倒置の形式である **were it not for 〜** でも用いられます。よって ② **Were** が正解です。

語句 leak 自「漏れる」

和訳 屋根の雨漏りがなければ，私はその家を買うだろう。

2 ④

▶ 前置詞の ④ **with** を用いて**「〜があれば」**という条件を表すことができます。この文は，帰結節が〈助動詞過去形＋have Vpp〉になっているので，仮定法過去完了の文であり，If you had had more patience, you ... と if節を用いて書き換えられます。

語句 patience 名「辛抱強さ」，overcome 他「〜を乗り越える」，hardship 名「苦難」

和訳 もっと忍耐力があれば，あなたはその苦難を乗り越えることができただろう。

3 ②

▶ **〈It is (high/about) time＋仮定法過去〉**で「**(とっくに／そろそろ) 〜してもよいころだ**」という意味を表す慣用表現です。よって，② **were** が正解です。なお，この文は It's high time for you to be in bed. のように不定詞を用いて表現することもできます。なお，midnight は「夜 12 時＝0 時」という時点を表し，「真夜中」という時間幅のある意味ではありません。

和訳 もう夜中の 12 時だ。とっくに寝てよい時間だよ。

4 ③

▶ **〈wish (that) S＋仮定法〉**で**願望**を表しますが，過去の事実に反する願望の場合には，仮定法過去完了が用いられます。ここでは when I was a student「私が学生だったとき」から過去についての願望だとわかるので，③ **had studied** が正解です。

和訳 私が学生のときに留学していたらなあ。

5 ④

▶ to不定詞を用いて**条件**が示されることもあります。ここでは，④ **To hear** を用い，**〈hear＋O＋*do*〉**という知覚動詞のパターンとの組み合わせから，「サラが歌うのを聞けば」という条件が表されることになります。

和訳 サラが歌うのを聞いていたなら，あなたは彼女がプロの歌手だと思ったでしょう。

6 I [ ] to meet you had I known you were at the station.

① had gone ② could go
③ would have gone ④ had been going

（神奈川大）

7 If you [ ] have any other questions, please do not hesitate to contact us.

① should ② will ③ could ④ must

（学習院女子大）

8 If [ ] I could run as fast as you!

① merely ② not ③ only ④ so be

（関西学院大）

9 I don't have a bicycle, but if I [ ], of course I would lend it to you.

① did ② do ③ should ④ would

（摂南大）

10 If war [ ] break out, what would you do?

① would be ② were to ③ will ④ will be

（東京経済大）

6 ③

▶ 条件を表すif節の**ifが省略されると倒置**が起こります。ここではhad I knownとあることから，if I had knownの仮定法過去完了であると考え，③ **would have gone**が正解と判断します。

和訳 君が駅にいると知っていたら，迎えに行っていただろうに。

7 ①

▶「**万一〜ならば**」という未来の不確実なことに関する仮定を示すには，if節中で助動詞**shouldを用いた仮定法**が用いられます。よって ① **should**が正解です。なお，この仮定法では，帰結節で〈助動詞過去形＋V原形〉のほかに命令文や現在形の助動詞が用いられることもある点に注意しましょう。

語句 hesitate to *do* 熟「doするのをためらう」

和訳 万一ほかに質問があれば，遠慮せずに私たちに連絡してください。

8 ③

▶ **if only 〜**で「**〜でありさえすればなあ**」という**願望**を表す表現になります。この文は，I only wish I could run as fast as you. のように〈(only) wish＋仮定法過去〉でも表現できます。

和訳 私が君と同じくらい速く走れればなあ。

9 ①

▶ 最初の節で「自転車を持っていない」という現在の事実が示された後，if節でそれに反する形の仮定を行っているので，**仮定法過去**と考えられます。よって過去形の ① **did**が正解です。didはhad (a bicycle) を表しています。

和訳 私は自転車を持っていないが，もし持っていたら，もちろんあなたに貸してあげるだろう。

10 ②

▶ **〈If＋S＋were to *do*〉**で「**仮に[万一]doするならば**」という**未来に関する仮定**を表すことができます。よって，正解は ② **were to**になります。shouldを用いての仮定と異なり，帰結節では常に〈助動詞過去形＋V原形〉となることに注意しましょう。

語句 break out 熟「(事件・戦争などが) 起こる」

和訳 仮に戦争が勃発したら，あなたはどうしますか。

11～15：与えられた語句を並べ替えて，文を完成させよ。

11 もし僕が君だったら，そんなことは心配しないね。

I [　] [　] [　] [　] [　] [　] you.

① worry about　② were　③ if　④ I
⑤ it　⑥ wouldn't

（札幌学院大）

12 If [　] [　] [　] [　] [　] [　] [　], we could have met her on time.

① where　② waiting　③ we　④ had
⑤ known　⑥ was　⑦ she

（芝浦工業大）

13 もっと自分自身を信じることができていればよかったのに。

I wish [　] [　] [　] [　] [　] [　] [　] more!

① I　② to　③ had　④ able
⑤ been　⑥ trust　⑦ myself

（神戸学院大）

14 僕はあなたの援助がなかったら，彼女を幸せにすることができなかったでしょう。

[　] [　] [　] for your help, I could not have made [　] [　].

① her　② not been　③ it　④ had　⑤ happy

（桜美林大）

15 ジョージはまるでずっと以前からの知り合いでもあったかのように彼女に話しかけた。（1語不要）

George talked to her [　] [　] [　] [　] [　] her all his life before.

① he　② had　③ as　④ knew
⑤ though　⑥ known

（千葉工業大）

11 ⑥①⑤③④② I wouldn't worry about it [if] I were you.

▶ 主語Iが文頭にあるので，条件のif節は後ろに置かれると判断します。まず，仮定法過去の帰結節としてIの後にwouldn't worry about it（⑥①⑤）を作り，条件節はif I were（③④②）で文末のyouにつなげます。

12 ③④⑤①⑦⑥② [If] we had known where she was waiting, we could have met her on time.

▶ コンマより後ろで〈**could＋have Vpp**〉の形になっているので，**仮定法過去完了**を考えます。文頭のIfに続けてwe had known（③④⑤）とし，その目的語になる疑問詞節をwhere she was waiting（①⑦⑥②）と置けば完成です。

和訳 もし彼女がどこで待っているか知っていたなら，私たちは彼女に時間通りに会えただろう。

13 ①③⑤④②⑥⑦ I wish I had been able to trust myself more!

▶ 〈**wish＋S＋仮定法**〉で願望を表す表現になるので，まず，主語の①Iを置き，その後に「～だったらよかったのに」と過去のことに関する願望を表す〈wish＋S＋仮定法過去完了〉でhad been（③⑤）を続けます。**be able to *do*「doすることができる」**から，beenの後には，able to（④②）を置き，その後に動詞⑥trustを配置し，最後にtrustの目的語の⑦myselfを続け，文末のmoreにつなげます。

語句 trust 動「～を信用する」

14 ④③②，①⑤ Had it not been for your help, I could not have made her happy.

▶ 選択肢にifが含まれていないことから，**倒置**による表現を考えます。意味的に過去のことを語っているので，まずHad it not been（④③②）を作り，帰結節には〈make＋O＋C〉「OをCにする」から，madeの後に目的語の①herと補語の⑤happyを入れます。

15 ③⑤①②⑥ George talked to her [as though] he had known her all his life before.〔不要語：④ knew〕

▶ **as though［if］～**で「**まるで～であるかのように**」という意味を表しますが，**仮定法過去完了**を用いると主節動詞の示す時より前のことについて述べることができます。まず，as though（③⑤）を並べ，次にhe had known（①②⑥）とします。

5 不定詞・動名詞

この章では，不定詞（to *do*）と動名詞（*doing*）の用法に関する知識を拡充します。不定詞の３用法や名詞としてはたらく動名詞など，両者の基本を確認しながら，それぞれの使い分けを確認するとともに，重要な慣用表現も覚えていきましょう。

Check 1 形容詞用法の不定詞

次の文の空所に最も適切なものを選んで入れよ。

He realized that he had a lot of ＿＿＿ by this weekend.　（芝浦工業大）

① work being done　② work done　③ work to do　④ work doing

正解 ③

解説 まず a lot of の後ろに名詞 work が入り，それを修飾する**形容詞用法の不定詞**が後続すると考えます。よって ③ **work to do** が正解です。意味上，work が do の目的語になっている点に注意します。

和訳 彼は今週末までにやらなければならない仕事がたくさんあると気づいた。

■ **形容詞用法の不定詞の特徴：**不定詞と修飾される名詞の関係を確認しましょう。

I have a lot of friends **to help me**.〔主語〕私には助けてくれる友人がたくさんいる。

She has many books **to read**.〔目的語〕彼女は読む本がたくさんある。

He has three children **to take care of**.〔前置詞の目的語〕

彼には世話をしなければいけない子供が３人いる。

She broke a promise **to come on time**.〔名詞の内容説明〕

彼女は時間通りに来るという約束を破った。

Check 2 動名詞だけを目的語にとる動詞

次の文の空所に最も適切なものを選んで入れよ。

She won the first prize in the speech contest because she carefully avoided ＿＿＿ mistakes.

① to make　② making　③ made　④ to be making　（神奈川大）

正解 ②

解説 他動詞 **avoid「～を避ける」**は目的語に不定詞を置くことはできず，動名詞を目的語にする動詞です。よって ② **making** が正解になります。

不定詞・動名詞ともに入試では頻出項目の１つですが，不定詞では特に形容詞用法に関する知識（Check 1 参照）がよく問われます。また，動詞の目的語としての不定詞と動名詞の区別（Check 2 参照）についても出題が多く見られます。

和訳 彼女は間違いを犯すのを慎重に避けたので，弁論大会で１等賞を取った。

■ 不定詞を目的語にしない動詞

I really **enjoyed** ***talking***［× to talk］with them.
私は彼らと話をするのが本当に楽しかった。

She **finished** ***reading***［× to read］the book.　彼女は本を読み終えた。

! 動名詞のみを目的語にする動詞の代表例

- mind「～するのを気にする」
- enjoy「～するのを楽しむ」
- give up「～するのをやめる」
- avoid「～するのを避ける」
- finish「～するのを終える」
- escape「～するのを逃れる」
- put off「～するのを延期する」
- stop「～するのをやめる」

Check 3 動名詞の意味上の主語

次の文の空所に最も適切なものを選んで入れよ。

I heard that ＿＿＿ for the meeting made everyone angry.　（東京経済大）

① you be late　② you were late　③ you're being late　④ your being late

正解 ④

解説 空所部分が that 節中の動詞 made の主語となる必要があるので，動名詞が必要ですが，ここでは，動名詞 being の主語が文の主語 I と異なるので，意味上の主語が所有格形で示されている ④ **your being late** が正解です。

和訳 あなたが会議に遅れたことが皆を怒らせたと聞きました。

■ 動名詞の意味上の主語：動名詞の意味上の主語を明示する場合があります。

I can't imagine **Tom's**［**Tom**］*going* there.　〔「人」の名詞→所有格／目的格〕
私はトムがそこに行くのを想像できない。

We objected to **his**［**him**］*climbing* the mountain.　〔代名詞→所有格／目的格〕
私たちは彼がその山に登るのを反対した。

I cannot stand **the kitchen** *being* dirty.　〔「物」の名詞→所有格にしない〕
私は台所が汚れているのが我慢できない。

押さえておきたい6題

空所に最も適切なものを選んで入れよ。

1 Be careful [ ] your car in front of that store.

① to not park ② not to park
③ not park ④ don't park

(札幌学院大)

2 It turned out that five days was just the period needed for H. pylori [ ].

① growth ② to grow ③ growing ④ grown

(国士舘大)

3 Columbus was not the first man [ ] to the Americas.

① sails ② sailed ③ sailing ④ to sail

(広島工業大)

4 [ ] is more important than when to do it.

① Doing it how ② Do it how
③ How do we do it ④ How to do it

(東海大)

5 My father received an email saying that Meg had succeeded in [ ] a new job.

① find ② to find ③ found ④ finding

(広島工業大)

6 Would you mind [ ] my report?

① checking ② to check ③ checked ④ check

(東京経済大)

1 ②

▶ **be careful to *do*** で「**doするように気をつける**」という意味ですが，「doしないように気をつける」と否定の意味を含む場合には，notを不定詞の前に置くnot to *do*の形になるので，② **not to park** が正解です。

和訳 あの店の前に車を停めないように気をつけなさい。

2 ②

▶ 不定詞は動名詞と異なり，**意味上の主語**が **for 〜** で示されます。よって，不定詞の ② **to grow** が正解です。needed for 〜 to *do*「**〜がdoするのに必要な**」がthe periodを修飾しています。

語句 turn out 熟「(結局) 〜だとわかる」，H. pylori 名「ピロリ菌」

和訳 5日間がちょうどピロリ菌が成長するのに必要な期間だとわかった。

3 ④

▶ **〈the first (＋名詞) ＋to *do*〉** で「**最初にdoする(〜)**」という意味になります。よって不定詞の ④ **to sail** が正解です。なお，**〈the last (＋名詞) ＋to *do*〉** は「**最もdoしそうにない(〜)**」という意味を表すことも覚えておきましょう。

和訳 コロンブスはアメリカ大陸に最初に航海した人ではなかった。

4 ④

▶ 空所後にbe動詞isがあり，空所部分で文の主語を構成する必要があります。**〈疑問詞＋to *do*〉** で名詞として機能するので，④ **How to do it** が正解となります。なお，ここでは，How to do itが文末のwhen to do itと比較されています。

和訳 いつそれをやるかよりもどのようにやるかがより重要である。

5 ④

▶ 前置詞inの後なので不定詞を置くことはできず，動名詞の ④ **finding** が正解になります。**succeed in *doing*** で「**doするのに成功する**」という意味となります。また，×succeed to *do*の形にはできないことにも注意しましょう。

和訳 父はメグがうまく新しい仕事を見つけたというeメールを受け取った。

6 ①

▶ 他動詞mindは不定詞ではなく動名詞を目的語にします。**Would you mind *doing* 〜?** で「**doしてくれませんか**」という**依頼**の意味を表し，正解は ① **checking** となります。

和訳 私のレポートをチェックしてもらえませんか？

差がつく 15 題

1~10：空所に最も適切なものを選んで入れよ。

1 He survived the operation [ ] to die in a car accident.

① as ② only ③ except ④ without

（東京国際大）

2 Please pack up and leave here immediately [ ] miss the next bus.

① not so as to ② as you don't
③ not because you ④ so as not to

（神奈川大）

3 I have no friends [ ] in English.

① talking to ② talking with ③ to talk ④ to talk to

（目白大）

4 He is said [ ] abroad when he was young.

① to study ② studying
③ to have studied ④ having studied

（松山大）

5 His words are worth [ ] by heart.

① learned ② learning ③ learn ④ be learned

（大阪経済大）

1 ②

▶ 副詞用法の不定詞には「…，**そして（結局）〜する**」という**結果**の意味の用法があります。ここでは ② **only** を入れ，「結局〜した」とすれば正解です。

和訳 彼は手術を乗り越えたが，結局，自動車事故で死んだ。

2 ④

▶ **so as to *do*** で「**do するために，do するように**」という**目的**を表す表現ですが，不定詞を not で否定すると「do しないように」の意味になるので，④ **so as not to** が正解です。

和訳 次のバスに乗り遅れないように，すぐに荷物をまとめてここを出てください。

3 ④

▶ 空所前の no friends を修飾する**形容詞用法**の不定詞を考えます。動詞 talk は自動詞で「〜に話す」という意味では，〈**talk to＋人**〉という形をとるので，talk の後ろに前置詞 to がある ④ **to talk to** が正解になります。分詞句は，修飾される名詞が分詞の意味上の主語となるので，to や with の目的語がない①と②は文法的に誤りです。

和訳 私には英語で話ができる友だちがいない。

4 ③

▶ said の後に完了の不定詞を用い，**S is said to have Vpp** で「**S は〜したと言われている**」という意味が表されます。よって，③ **to have studied** が正解です。この文は It is said that he studied abroad when ... に書き換えられます。

和訳 彼は若いころ留学したと言われている。

差がつくポイント **be worth *doing*：do する価値がある**

5 ②

▶ **be worth *doing*** で「**do する価値がある**」という意味なので，② **learning** が正解です。この文では，動名詞 **learning** の意味上の目的語 **his words** が文の主語であることに注意しましょう。 語句 **learn 〜 by heart** 熟「〜を暗記する」

和訳 彼の言葉は暗記しておく価値がある。

〈worth と worth＋while〉 微妙な使い方の違いに注意しましょう。

This book is worth *reading*［× to read］. この本は読む価値がある。

It is worth *reading*［× to read］this book.

It is worth *your* while *reading*［*to read*］this book.

It is worth while［worthwhile］*reading*［*to read*］this book.

6 There is [ ] when John will show up.

① telling not ② no telling ③ not telling ④ not to tell

(畿央大)

7 [ ], she smiled quietly to herself.

① On hearing the news ② To hearing the news
③ With the news hearing ④ Of hearing the news

(福岡大)

8 I'm sorry for [ ] your e-mail sooner.

① not to answer ② not having answered
③ not to have answer ④ no answering

(桜美林大)

9 I spent five hours [ ] the picture.

① drawing ② draws ③ drew ④ drawn

(東京国際大)

10 You may have trouble [ ] the thing you are looking for.

① being found ② finding ③ found ④ to find

(立命館大)

6 ②

▶ **there is no *doing*** で「**do することができない**」という意味が表されるので ② **no telling** が正解です。not ではなく，**no で否定**されていることに注意します。この文は It is impossible to tell when John will show up. に書き換えられます。

語句 tell 他「～がわかる」

和訳 ジョンがいつ現れるかわからない。

7 ①

▶ **〈on［upon］+ *doing*〉** で「**do するとすぐに**」という意味になるので，① **On hearing the news** が正解です。この文は接続詞 as soon as を用いて，As soon as she heard the news, ... に書き換えられます。なお，in *doing* は「do する際に／do するときに」の意味になります。

語句 to *one*self 熟「心の中で」

和訳 その知らせを聞くとすぐに，彼女は心の中でほほ笑んだ。

8 ②

▶ 前置詞 for の目的語には不定詞を置くことができないので，動名詞を入れることになりますが，I'm sorry で示される時より以前のことが述べられているので，**完了形の動名詞**が適切であり，② **not having answered** が正解です。

和訳 もっと早くにあなたの e メールに返事をしなくてごめんなさい。

9 ①

▶ **〈spend + 時間 + *doing*〉** で「**do するのに～を費やす**」という意味になります。よって，① **drawing** が正解です。なお，動名詞ではなく，名詞が続く場合には〈spend + 時間 + on ～〉という形になります。*cf.* She **spent** much time *on* her homework.「彼女は宿題に多くの時間をかけた」

和訳 私はその絵を描くのに 5 時間をかけた。

10 ②

▶ **have trouble（in）*doing*** で「**do するのに苦労する**」という意味の慣用表現です。よって，② **finding** が正解です。空所後に find の目的語 the thing ～ があるので，①の受動態の動名詞は不可です。なお，「do するのに苦労する」は **have difficulty（in）*doing*** という形でも表現できます。

和訳 あなたは探しているものを見つけるのに苦労するかもしれません。

11～15：与えられた語句を並べ替えて，文を完成させよ。

11 規則正しい睡眠を取らないと健康に害があるかもしれない。
Not [ ] [ ] [ ] [ ] [ ] [ ] [ ].

① sleep ② may ③ your ④ getting
⑤ harm ⑥ health ⑦ regular

（神戸学院大）

12 医者たちが健康のためにすすめることの１つは十分な睡眠である。
Doctors say that [ ] [ ] [ ] [ ] [ ] [ ] [ ] is to get enough sleep.

① healthy ② of ③ one ④ stay
⑤ the ⑥ to ⑦ ways

（東京経済大）

13 そのドアは，車椅子が通れるくらいの広さがあります。
The door is [ ] [ ] [ ] [ ] [ ].

① to pass through ② enough ③ to allow
④ a wheelchair ⑤ wide

（桜美林大）

14 During a marathon, I got [ ] [ ] [ ] [ ] any further and [ ] [ ] instead.

① tired ② to ③ walking ④ run ⑤ too ⑥ started

（獨協大）

11 ④⑦①②⑤③⑥ Not getting regular sleep may harm your health.

▶「規則正しい睡眠を取らないことが健康を害する」と考え，**動名詞を文の主語**にします。文頭に Not が示されているので，getting regular sleep（④⑦①）で主語を作り，may harm（②⑤）で動詞部分を構成し，最後に目的語の your health（③⑥）を配置して完成です。

語句 harm 他「～を害する」

12 ③②⑤⑦⑥④① Doctors say that one of the ways to stay healthy is to get enough sleep.

▶ 空所前後を確認すると，**that節中の主語になる名詞句**を作る必要があるとわかります。one of the ways（③②⑤⑦）で「方法の１つ」となり，ways を修飾する形容詞用法の不定詞 to stay healthy（⑥④①）「健康なままでいるための」を後に配置して完成させます。

13 ⑤②③④① The door is wide **enough to allow a wheelchair to pass through.**

▶〈**形容詞＋enough to *do***〉で「**do するのに十分なほど～**」という意味になるので，まず wide enough to allow（⑤②③）と並べ，〈**allow＋O＋to *do***〉「**O が do するのを許す**」から，allow の目的語に ④ a wheelchair，その後に ① to pass through を置きます。

14 ⑤①②④，⑥③ During a marathon, I got too tired to run any further and started walking instead.

▶ get tired で「疲れる」を表し，さらに〈**too＋形容詞＋to *do***〉で「**とても～なので do できない**」という意味となります。よって，got の後に too tired（⑤①）を置き，その後に to run（②④）を続けます。後半は，started walking（⑥③）として完成させます。

和訳 マラソンの間，私はとても疲れてしまったのでそれ以上走れなくなり，代わりに歩き始めた。

15 あなたは大統領選挙に立候補するというジャックの計画を聞きましたか。

Have [ ] [ ] [ ] [ ] [ ] [ ] [ ] the Presidency?

① Jack's plan　② to　③ for　④ about
⑤ heard　⑥ run　⑦ you

（東邦大）

15 ⑦⑤④①②⑥③ **Have**(V) **you**(S) **heard**(V) **about Jack's plan to run for** the Presidency?

▶ 文頭に Have があり，現在完了の疑問文です。まず，you heard（⑦⑤）を置き，「～について」の ④ about を続けます。その目的語が ① Jack's plan で，plan の内容を説明する**形容詞用法の不定詞** to run for（②⑥③）を配置します。plan to *do* で「do するという計画」になります。

語句 run for ～ 熟「～に立候補する」

6 分詞・分詞構文

この章では形容詞としての機能を果たす分詞について，能動の意味を表す現在分詞，受動や完了の意味を表す過去分詞の基本用法を確認し，さらに接続詞の役割を兼ね副詞節のような意味を表す分詞構文の構造について理解しましょう。

Check 1 分詞形容詞の区別

次の文の空所に最も適切なものを選んで入れよ。

Did you see that new movie that just came out? It was so [　　　]!

① excitement　② excited　③ excite　④ exciting　（学習院女子大）

正解 ④

解説 that new movie を指す代名詞の It が主語になっていて，それが「**〜に興奮を与えるような**」という**能動**の意味なので，現在分詞の ④ **exciting** が正解です。

和訳 公開されたばかりのあの新しい映画を見ましたか。すごくわくわくしたよ。

■ 形容詞としての現在分詞と過去分詞の区別

〈excite：〜を興奮させる〉

The game was ***exciting***.　試合は面白かった。　〔試合＝興奮させた〕

We were ***excited***.　私たちはわくわくした。　〔私たち＝興奮させられた〕

〈bore：〜を退屈させる〉

I found the book ***boring***.　私はその本を退屈だと思った。〔本＝退屈させた〕

I found him ***bored***.　私は彼が退屈していると思った。〔彼＝退屈させられた〕

Check 2 〈知覚動詞＋O＋現在分詞〉

次の文の空所に最も適切なものを選んで入れよ。

I saw Mrs. Smith [　　　] the street.

① crossing　② to cross　③ crosses　④ crossed　（名城大）

正解 ①

解説 〈see＋O＋*doing*〉で「**O が do しているところを見る**」という意味の表現で，現在分詞の ① **crossing** が正解になります。

和訳 私はスミス夫人が道を渡っているところを見た。

■ 〈知覚動詞＋O＋*doing*〉の構文

・I **saw** her *dancing* with Bob.　〔O が do しているのを見る〕
　私は彼女がボブと踊っているのを見た。

現在分詞と過去分詞の区別（Check 1 参照）がまず前提になります。さらに分詞構文の作り方（Check 3 参照）に関する知識が頻繁に求められます。また分詞を用いた慣用表現（p.68 差がつく 15 題：13 参照）などもよく問われます。

・He **heard** John *singing* loudly.　〔O が do しているのを聞く〕
彼はジョンが大声で歌っているのを聞いた。

・She **felt** the house *shaking* slowly.　〔O が do しているのを感じる〕
彼女は家がゆっくりと揺れているのを感じた。

cf. I **caught** him *sleeping* during the lecture.〔O が do しているのを見つける〕
私は彼が講義中に眠っているのを見つけた。

Check 3 分詞構文

次の文の空所に最も適切なものを選んで入れよ。
＿＿＿ along the mountain road, we enjoyed great views.
① Driving　② To drive　③ Drove　④ Drive　（東海大）

正解 ①

解説 分詞構文では分詞が接続詞の役割も果たします。ここでは while we were driving という「時」の意味を表す分詞構文を作る ① **Driving** が正解です。

和訳 山道を車で走りながら，私たちはすばらしい景色を楽しんだ。

■ 分詞構文の基本的な作り方

As she **worked** hard all day, she was very tired.
①②③　一日中一生懸命働いたので，彼女はとても疲れていた。
× × **Working** hard all day, she was very tired.

① 接続詞を削除します。
② 主節の主語と一致している主語を削除します。（異なる場合には残します）
③ 動詞を分詞に置き換えます。

While I **was walking** on the street, I ran across his father.
①②③　道を歩いていたとき，私は偶然彼の父親に会った。
× × (~~Being~~) **Walking** on the street, I ran across his father.

※文頭が Being になる場合（進行形や受動態）は，Being を削除します。

押さえておきたい6題

空所に最も適切なものを選んで入れよ。

1 The people were very [　　　] that the famous singer was coming to their town.

① excited　② exciting　③ excites
④ excite　⑤ excitingly

（大東文化大）

2 It was [　　　] that so many people saw me wearing my T-shirt inside out.

① embarrass　② embarrassed
③ embarrassing　④ to embarrass

（金沢工業大）

3 The magician was not very [　　　]. I fell asleep halfway through his act.

① entertaining　② entertained
③ entertain　④ entertainment

（亜細亜大）

4 I'm sorry to have kept you [　　　].

① wait　② to wait　③ waited　④ waiting

（中部大）

5 Our teacher, [　　　] the bell, kept on speaking.

① hearing not　② not to have heard
③ not having heard　④ not to hear

（名城大）

6 Ken's been sitting by the phone all day [　　　] for her to call.

① wait　② waited　③ waiting　④ have waited

（大阪経済大）

1 ①

▶ **excite** は「**〜を興奮させる，〜をわくわくさせる**」という他動詞ですが，ここでは「人々が興奮させた」という能動の関係ではなく，「**人々が興奮させられた**」という**受動の関係**が成立するので，過去分詞形の ① **excited** が正解となります。

和訳 有名な歌手が町にやって来るということで人々はとても興奮していた。

2 ③

▶ It は形式主語で that 節を指しています。that 以下の内容が，「(私に) 気まずい思いをさせる」ということなので，能動の意味が必要となり，③ **embarrassing** が正解です。

和訳 私がＴシャツを裏返しに着ていたのをとても多くの人々が見ていたとは恥ずかしかった。

3 ①

▶ **entertain** は他動詞で「**〜を楽しませる**」なので，手品師が「(私を) 楽しませなかった」という能動の意味を表す現在分詞の ① **entertaining** が正解となります。

語句 fall asleep 熟「寝入る」，halfway 副「途中で」

和訳 その手品師はあまり楽しくなかった。私は彼の出し物の途中で寝てしまった。

4 ④

▶ **〈keep + O + *doing*〉** で「**O に do させ続ける**」なので，keep you waiting で「あなたを待たせ続ける」という意味が成立し，④ **waiting** が正解です。この文は that 節を用いて I'm sorry (that) I *have kept* you waiting. に書き換えられます。

和訳 お待たせして申し訳ありません。

5 ③

▶ 分詞構文で「〜なので」という理由を表すのが意味的に適切ですが，not などの否定語は分詞の前に置かれます。よって，③ **not having heard** が正解です。

和訳 私たちの先生は，ベルが聞こえなかったので，話し続けた。

6 ③

▶「〜しながら」という意味で現在分詞を用いて分詞構文が作られます (「**付帯状況**」を表す分詞構文)。よって，③ **waiting** が正解になります。なお，文頭の Ken's は Ken has で has been sitting という現在完了の進行形を構成していることも確認しておきましょう。

和訳 ケンは彼女が電話をかけてくるのを待ちながら一日中電話のそばに座っている。

差がつく 15 題

1〜10：空所に最も適切なものを選んで入れよ。

1 You might find it [ ] to learn that elephants can run faster than people.

① surprise　② surprised　③ surprises　④ surprising

（佛教大）

2 Have you ever heard the Spanish language [ ]?

① speak　② to speak　③ spoken　④ speaking

（清泉女子大）

3 The classroom was so noisy that the teacher couldn't make herself [ ].

① hear　② to hear　③ hearing　④ heard

（高知大）

4 My brother sat up late [ ] to music.

① listened　② listens　③ listening　④ to listening

（東京国際大）

5 My sister was sitting on the chair, with her legs [ ].

① cross　② crossing　③ to cross　④ crossed

（九州国際大）

1 ④

▶ 空所前の it は形式目的語で空所後の不定詞句を指しています。その内容が「**人を驚かせるような**」という**能動**の意味が必要となるので，現在分詞の ④ **surprising** が正解になります。

和訳 ゾウが人よりも速く走れると知ったら，あなたは驚きだと思うかもしれません。

2 ③

▶〈hear＋O＋C〉で「**O が C であるのを聞く**」という意味になりますが，O と C は主語・述語の関係になります。ここでは「スペイン語が話される」という受け身の意味になるので，正解は ③ **spoken** になります。

和訳 今までにあなたはスペイン語が話されるのを聞いたことがありますか。

3 ④

▶〈make *one*self＋Vpp〉で「**自分自身を〜された状態にする**」という意味が成立しますが，ここでは make herself heard で「自分自身が聞かれた状態にする」，すなわち「自分の話を聞かせる」となるように過去分詞の ④ **heard** を選びます。

和訳 教室が非常に騒がしかったので，先生は自分の話を聞かせられなかった。

4 ③

▶ My brother sat up late *and he listened* to music. という接続詞で結ばれた文から接続詞と My brother を指す主語の he を削除し，過去形の動詞 listened を現在分詞の ③ **listening** に置き換えれば，分詞構文ができ上がります。

和訳 私の兄[弟]は音楽を聴きながら遅くまで起きていた。

差がつくポイント　付帯状況の〈with＋O＋C〉

5 ④

▶〈with＋O＋C〉で「O が C（の状態）で」という付帯状況（動作の同時性や動作・出来事の連続）が表されます。ここでは「足が組まれた」という受け身の意味が必要なので，過去分詞の ④ crossed が正解です。

和訳 私の姉[妹]は足を組んで椅子に座っていた。

☆付帯状況では with の目的語（O）が補語（C）の意味上の主語になります。

She was running, with her hair waving.　〔能動：髪がなびいている〕
彼女は髪をなびかせて走っていた。

He was lying, with his eyes closed.　〔受動：目が閉じられている〕
彼は目を閉じて横たわっていた。

6 [ ] all the questions in the final test, she handed in the answer sheet to the teacher and left the room.

① Doing ② Having done ③ Done ④ Being done

(清泉女子大)

7 [ ] from a distance, the huge rock by the river looks like a lion.

① Saw ② See ③ Seen ④ To seeing

(愛知学院大)

8 [ ], Chris lost consciousness.

① Being hit a car ② Hit a car
③ Hit by a car ④ A car hit

(摂南大)

9 [ ] in the leg, I could hardly walk.

① Wounded ② To wound ③ Wounding ④ Wound

(名城大)

10 [ ] no bus service late at night, I had to walk home in the rain.

① Due ② Because ③ There being ④ Being

(東京電機大)

6 ②

▶ As she had done all the questions ... と考え，接続詞と，主節主語と同じ主語の she を削除し，had を分詞に変えると，② **Having done** の分詞構文ができ上がります。④ Being done では受動態になるので，意味が成立しません。なお，分詞句の出来事は主節よりも前に起こったことなので完了形が用いられています。

語句 hand in 熟「～を提出する」

和訳 最終試験の問題をすべて終えて，彼女は先生に答案用紙を提出し，部屋を出た。

7 ③

▶ 分詞構文では，分詞句の主語が主節主語と同一であれば，省略されますが，ここでは主節主語が the huge rock なので，それが「見られる」という**受け身の関係**を確認し，③ **Seen** を選択します。日本語の「見ると」に惑わされないように注意しましょう。

和訳 遠くから見ると，川のそばにある巨大な岩はライオンのように見える。

8 ③

▶ 動詞 hit は過去形も過去分詞形も同じ hit であることに注意します。When he was hit by a car という節が**分詞構文**になったと考えると，(Being) Hit by a car になるので，③ **Hit by a car** が正解です。①は受動態なのに目的語があるので不適切です。

和訳 車にひかれて，クリスは意識を失った。

9 ①

▶ **wound** は**他動詞**で「**～を（武器などで）傷つける**」という意味なので，主語の I が「**けがをする**」（「傷つけられる」）という意味にするには**受動態**にする必要があります。したがって，過去分詞形の ① **Wounded** が正解となります。*As I was wounded* in the leg, I could hardly walk. が分詞構文になったと考えられます。

和訳 足にけがをしたので，私はほとんど歩けなかった。

10 ③

▶ 分詞句と主節のそれぞれの**主語が一致しない**場合には，分詞句には主語が残ります。ここでは As there was no bus service ... ということで，形式的には there が主語であり，主節主語の I とは一致しないので，there を残して分詞を後続させた ③ **There being** が正解になります。このように主語が残るものを独立分詞構文といいます。

和訳 夜遅くにはバスの便がなかったので，私は雨の中，家まで歩かなければならなかった。

11〜15：与えられた語句を並べ替えて，文を完成させよ。

11 They [ ] [ ] [ ] [ ] musicians.

① surrounded　② famous　③ sat　④ by

（大阪経済大）

12 食器を洗わずに置いておくのはいけません。

[ ] [ ] [ ] [ ] [ ] [ ] [ ].

① unwashed　② should　③ you　④ the
⑤ dishes　⑥ leave　⑦ not

（高知大）

13 空模様から判断すれば，午後は雨になるでしょう。

[ ] [ ] [ ] [ ] [ ] [ ], it will rain in the afternoon.

① of　② judging　③ the　④ from
⑤ the sky　⑥ look

（九州国際大）

14 とても長い間，娘と会っていなかったので，娘だとわからなかった。

[ ] [ ] [ ] [ ] [ ] [ ] a long time, I could not recognize her.

① not　② my daughter　③ for　④ seen
⑤ such　⑥ having

（東京経済大）

15 私たちはタイから季節の果物を送ってもらえます。

We [ ] [ ] [ ] [ ] [ ] [ ] Thailand.

① from　② seasonal　③ can　④ fruits
⑤ get　⑥ sent

（関東学院大）

11 ③①④② They sat surrounded by famous musicians.

▶ 主語の説明をする補語として働く分詞の問題です。動詞 sit には〈sit＋C〉で「～の状態で座っている」という用法があります。ここでは主語の They が「取り囲まれた」という受動の意味で sat surrounded（③①）を置き，その後に動作主の〈by＋名詞〉の句を作るため，by famous（④②）とし，後ろの musicians に続けます。

和訳 彼らは有名な音楽家たちに囲まれて座っていた。

12 ③②⑦⑥④⑤① You should not leave the dishes unwashed.

▶ 第５文型の〈**leave＋O＋C**〉で「**O を C の状態のままにしておく**」という意味が表現できます。まず，主語の ③ You に助動詞 ② should と否定の ⑦ not をつなぎ，その後に原形動詞の ⑥ leave，そしてその目的語（O）の the dishes（④⑤）を続けます。最後に補語（C）の ① unwashed を置いて完成です。the unwashcd dishes にしないように注意しましょう。

13 ②④③⑥①⑤ Judging from the look of the sky, it will rain in the afternoon.

▶ **judging from ～** で「**～から判断すると**」という意味を表す慣用的な分詞構文があります。なお，この分詞構文では分詞 Judging の意味上の主語は文の主語 it ではなく，文中には示されていないこの発言の話者であることに注意しましょう。

14 ①⑥④②③⑤ Not having seen my daughter for such a long time, I could not recognize her.

▶ **理由**を表す分詞構文を作りますが，**完了の分詞構文に否定**が加わっている点に注意します。As I hadn't seen ... という副詞節から接続詞 As と主語 I を削除し，過去完了の助動詞 had を分詞 having に変えますが，分詞の否定語は前に置かれるので，Not having（①⑥）となり，その後に Vpp の ④ seen と目的語の ② my daughter が続き，最後に③⑤で for such（a long time）を置いて完成させます。

15 ③⑤②④⑥① We can get seasonal fruits sent from Thailand.

▶〈**get＋O＋Vpp**〉で「**O を～させる／O を～してもらう**」という意味の表現になります。ここでは，まず主語 We の後に助動詞と原形動詞で can get（③⑤）を作り，ついで目的語の seasonal fruits（②④）を続け，その後に Vpp の ⑥ sent を置きます。最後に ① from をつけて文末の Thailand とつなぎ完成です。

7 名詞・代名詞

日本語と違い，英語の名詞には数える（可算）・数えない（不可算）の区別があります。単純に意味だけでは処理できない区別なので，代表例をしっかりと覚えましょう。代名詞は意味の違いだけではなく，相関的な表現や慣用表現を整理しましょう。

Check 1 注意すべき不可算名詞

次の文の空所に最も適切なものを選んで入れよ。

There was not ＿＿＿ in the warehouse. （関東学院大）

① many furnitures ② many furniture ③ much furnitures ④ much furniture

正解 ④

解説 furniture「家具」は**常に不可算**で扱われる集合名詞です。よって，many での修飾はできず，複数形もありません。不可算名詞が「多い」という意味では **much** で修飾します。

和訳 倉庫には家具は多くはありませんでした。

■ 不可算名詞としての集合名詞 （※集合名詞＝いくつかの同種類のものの集合体を表す名詞）

baggage：手荷物（主に〔米〕） machinery：機械類

luggage：手荷物（主に〔英〕） poetry：（分野としての）詩

clothing：衣類 scenery：風景 furniture：家具

※集合名詞でも単数・複数を区別する場合があります。

His **family *is*** larger than mine. 彼の家族はうちより大家族だ。（全体として）

His **family *are*** all early risers. 彼の家族は皆早起きだ。（個々のメンバーが）

There ***are*** 20 **families** in this building. この建物には 20 世帯がいる。

Check 2 one, another, the other

次の文の空所に最も適切なものを選んで入れよ。

I have two brothers. One is a fireman and ＿＿＿ is a police officer.

① others ② any ③ the other ④ another （神戸学院大）

正解 ③

解説 2 人のうちで，1 人ともう 1 人は one と the other を用いて表現します。よって，③ **the other** が正解です。④ another は 3 人以上いる場合に，「（別の）もう 1 人」という意味になります。

和訳 私には兄弟が 2 人います。1 人は消防士で，もう 1 人は警察官です。

名詞に関しては不可算名詞とその修飾の仕方（Check 1 参照）が頻出です。代名詞は形式主語や形式目的語の it（Check 3 参照）や one に対応する another, the other, others, the others の使い分け（Check 2 参照）が最もよく問われる知識です。

■ another と other の使い分け

2 つの物・人：one ⇔ **the other**

3 つ以上： one ⇒ **another**［2 つ目］⇒ …まだある

one ⇒（another［2 つ目］）⇒ **others**［複数］⇒ …まだある

one ⇒（another［2 つ目］）⇒ others［複数］⇒ **the others**［残り複数］

Check 3 形式目的語の it

次の文の空所に最も適切なものを選んで入れよ。

Some people feel ［　　　］ to build a new airport.

① its unnecessary　② unnecessary it

③ it unnecessary　④ its unnecessary for me　（名城大）

正解 ③

解説 〈**feel＋O＋C**〉で「**O を C と思う**」という意味で，ここでは O が不定詞で表される内容になっており，それをあらかじめ形式目的語の it で示している形です。

和訳 新しい空港を作ることを不必要だと思う人もいる。

■ 形式主語と形式目的語

〈不定詞を指す〉

・**It** is difficult *for her* **to go** there alone.　〔形式主語〕

彼女がひとりでそこへ行くのは難しい。

・She found **it** difficult **to go** there alone.　〔形式目的語〕

彼女はそこへひとりで行くのは難しいと思った。

〈that 節を指す〉

・**It** is certain **that** she will win the race.　〔形式主語〕

彼女がレースに勝つのは確かだ。

・She made **it** clear **that** she had won the race.　〔形式目的語〕

彼女は自分がレースに勝ったことをはっきりさせた。

押さえておきたい6題

空所に最も適切なものを選んで入れよ。

1 There [ ] for improvement in the company's sales figures.

① is a room　② is room
③ are rooms　④ are plenty of rooms

（福岡大）

2 Each of us [ ] a room on the second floor at the hotel.

① have　② has　③ having　④ to have

（大阪経済大）

3 Seen from some angles, the feet of a duck look like [ ] of a frog in shape.

① one　② that　③ those　④ it

（札幌大）

4 These shoes are a little too big. Please show me some smaller [ ].

① another　② ones　③ other　④ others

（佛教大）

5 His answer is wrong but [ ] is right.

① us　② hers　③ her　④ my

（駒澤大）

6 We don't have [ ] information on that company. We really need more.

① many　② much　③ little　④ few

（亜細亜大）

1 ②

▶ 名詞 room は「部屋」という意味では可算名詞ですが，「**余地；空間**」という意味では**不可算名詞**として用いられます。よって，無冠詞で単数一致の ② **is room** が正解となります。

和訳 その会社の売上高には改善の余地がある。

2 ②

▶ 代名詞 **each** が主語の場合は，動詞は**単数一致**(単数形の動詞を用いる)です。**each of ～**「**～のそれぞれ**」は複数形名詞が続きますが，単数扱いです。よって，② **has** が正解です。なお，**every one of ～**「～のだれも[どれも]」も単数一致します。

和訳 私たちはそれぞれホテルの２階に部屋があります。

3 ③

▶ 空所部分は the feet of a frog「カエルの足」となりますが，すでに用いられている名詞 feet (foot の複数形) の反復を避けるため，feet の代わりに代名詞 that の複数形である ③ **those** を用います。

和訳 ある角度から見ると，アヒルの足は形がカエルの足に似ている。

4 ②

▶ **同種で不特定のもの**を指す場合には代名詞の **one** が用いられますが，ここでは shoes という複数形の名詞を指す必要があるので，② **ones** と複数形にします。① another は単数で，さらに形容詞での修飾はできません。

和訳 この靴はすこし大き過ぎます。もっと小さいものを見せてください。

5 ②

▶ His answer に対し her answer という意味を表す必要がありますが，名詞 answer の反復を避けるため，② **hers**「**彼女のもの**」という意味の**所有代名詞**を用います。所有代名詞は「**人称代名詞の所有格＋名詞**」の代わりに使われます。

和訳 彼の答えは間違っているが，彼女のは正しい。

6 ②

▶ 名詞 **information** は**不可算名詞**なので，① many や ④ few での修飾はできません。この文では don't have ですでに否定が示されているので ③ little「ほとんどない～」ではなく，② **much** が正解となります。

和訳 その会社については情報があまりない。もっと多くの情報が本当に必要だ。

差がつく15題

1～10：空所に最も適切なものを選んで入れよ。

1 Would [　　] of you like to play on the team? There is one position left.

① both　② neither　③ either　④ none

（芝浦工業大）

2 Japanese people take it [　　] that they have enough hot water for the shower at any time.

① apart　② back　③ for granted　④ on time

（東洋英和女学院大）

3 Tom and I often go hiking all by [　　].

① myself　② himself　③ ourselves　④ themselves

（広島工業大）

4 I have three American friends: one is from California and [　　] are from Ohio.

① another　② others　③ the other　④ the others

（神戸親和女子大）

5 [　　] were ill so they stayed at home instead of going to school.

① Each　② Either　③ Both　④ Neither

（松山大）

1 ③

▶ 第2文で「ポジションが1つ残っている」とあるので，肯定の意味の **either of ～** で「**～のどちらか**」が適切です。よって ③ **either** が正解となります。① both では「2人とも」の意味になり，ここでは不適切です。

和訳 あなたたちのどちらかがチームでプレイしたくはないですか。1つポジションが残っているのですが。

2 ③

▶ **take it for granted that ～** で「**～を当たり前のことと思う**」という慣用表現です。よって，③ **for granted** が正解です。この表現での it は that 節を指す形式目的語です。なお，**take O for granted** で「～を当然のことと思う；(当たり前になって)特に気にもとめない」という表現もあります。

和訳 日本人はいつでもシャワーのお湯が十分にあるのが当然だと思っている。

3 ③

▶ (**all**) **by *one*self** で「**独力で，自分で／独りぼっちで**」という意味が表されます。ここでは文の主語が Tom and I なので「私たち」である ③ **ourselves** が正解です。なお，for *one*self「自分のために」，in *one*self「それ自体で」，(all) to *one*self「自分だけに」などの前置詞による意味の違いに注意しましょう。

和訳 トムと私はよく2人だけでハイキングに行く。

4 ④

▶ コロンまでの記述で「友人が3人いる」ことがわかり，そのうち「カリフォルニアから1人」とあり，さらに空所後の動詞が are で複数になっているので，「残り2人」を指す「**(特定の)ほかの人たち**」となる ④ **the others** が正解です。

和訳 私にはアメリカ人の友人が3人いる。1人はカリフォルニア出身で，残り2人はオハイオ出身だ。

5 ③

▶ 空所後の動詞が **were** で**複数一致**していることを確認し，③ **Both** が「**(2人の)両者とも**」という意味で適切だとわかります。① Each，② Either，④ Neither はどれも単数扱いの代名詞です。

和訳 2人とも病気だったので，学校に行かずに家にいた。

6 Neither my father [　　] I am to blame.

① or　② nor　③ and　④ but

（札幌大）

7 In this store all the part-time workers are paid by [　　].

① a week　② the week　③ weekly　④ weeks

（九州国際大）

8 It makes [　　] to me whether he will come to the party or not.

① no difference　② no idea
③ no importance　④ no problem

（東北学院大）

9 Please help [　　] to anything on the table.

① you　② yourself　③ him　④ her

（芝浦工業大）

10 I'm sorry I don't know. I have nothing [　　] with this matter.

① to have done　② to be done
③ to do　④ to doing

（名城大）

6 ②

▶ 文頭に **Neither** があるので，**neither A nor B**「**A も B もどちらも〜でない**」という表現が適切であり，② **nor** が正解です。neither には代名詞のほかにこのように接続詞としてはたらく用法もあります（相関接続詞）。なお，この表現が主語の位置で用いられている場合には，動詞の人称・数は B に一致するのが原則です。したがって，ここでは I に一致して am が用いられています。

語句 be to blame (for 〜) 熟「（〜の）責任がある」

和訳 父にも私にも責任はありません。

7 ②

▶ **〈by the＋単位名詞〉**で「**〜単位で**」という意味になります。ここでは ② **the week** を入れ，by the week「週単位で」という意味にします。

和訳 この店ではパート従業員は全員週単位で給料が支払われる。

8 ①

▶ **make a difference** で「**違いを生む，重要である**」という意味の成句がありますが，**make no difference** と否定形にすると「**違いはない，重要ではない**」の意味になります。ここでは形式主語の It が接続詞 whether に導かれる名詞節を指しています。

和訳 彼がパーティーに来るか来ないかは，私にはまったく重要ではない。

9 ②

▶ **help *one*self to 〜** で「**〜を自分で取って食べる［飲む］**」という意味の表現があるので，② **yourself** が正解です。なお，再帰代名詞を用いた成句としては，make *one*self at home「くつろぐ」，enjoy *one*self「楽しく時を過ごす」も重要です。

和訳 テーブルの上のものを自由に食べてください。

差がつくポイント **have 〜 to do with ...：…と関係がある／ない**

10 ③

▶ **have nothing to do with 〜** で「**〜と全く関係がない**」という意味の慣用表現です。よって ③ **to do** が正解です。

和訳 知らなくてごめんなさい。私はこの問題には何の関係もありません。

☆彼女と事件の関係は？

She *has* nothing *to do with* the case.	〔全く関係がない〕
She *has* little *to do with* the case.	〔ほとんど関係がない〕
She *has* something *to do with* the case.	〔何らかの関係がある〕
She *has* much［a lot］*to do with* the case.	〔大いに関係がある〕

11〜15：与えられた語句を並べ替えて，文を完成させよ。

11 父は政府について文句ばかり言っている。
My father [ ] [ ] [ ] [ ] [ ] [ ] government.

① the　② about　③ but　④ does
⑤ complain　⑥ nothing

（中京大）

12 自分の子供がどんな身なりをしていても，彼女は気にかけなかった。
[ ] [ ] little to her [ ] [ ] [ ] [ ].

① children　② her　③ it　④ mattered
⑤ what　⑥ wore

（東北学院大）

13 私は就職活動に備えて新聞を毎朝読むことにしている。
I [ ] [ ] [ ] [ ] [ ] read a newspaper every morning for job hunting.

① it　② to　③ make　④ rule　⑤ a

（九州産業大）

14 He is one [ ] [ ] [ ] [ ] [ ] a sixth sense.

① believe　② in　③ of　④ those　⑤ who

（東京理科大）

15 どうしてそんなに多くの新入生が，次から次へとあなたの研究室を訪れるのですか。
Why do so many [ ] [ ] [ ] [ ] [ ] [ ] [ ] another?

① one　② students　③ visit　④ after
⑤ office　⑥ new　⑦ your

（神戸学院大）

11 ④⑥③⑤②① My father **does nothing but complain** about the government.

▶ **do nothing but ～** で「**～するだけだ，～してばかりいる**」という意味の成句です。**but の後には原形動詞**が来るので，does nothing but complain (④⑥③⑤) を作り，その後に about the (②①) を続けます。

語句 complain (about ～) 自「(～について) 不平を言う」，government 名「政府」

12 ③④，⑤②①⑥ It **mattered** little to her **what** **her children** **wore**.

▶ 自動詞 **matter** には「**重要である**」という意味がありますが，この動詞はしばしば形式主語の it とともに用いられます。ここでは It が what の導く名詞節を指している形にします。まず，It mattered (③④) を置き，little to her に続けます。その後，what her children wore (⑤②①⑥) で名詞節を作ります。

13 ③①⑤④② I **make** **it** **a rule** to read a newspaper every morning for job hunting.

▶ **make it a rule to *do*** で「**do することにしている**」という意味が表現されます。この成句中の代名詞 it は to 不定詞を指す形式目的語として機能しています。

14 ③④⑤①② He is one **of those** **who** **believe in** a sixth sense.

▶ **one of ～** で「**～のうちの 1 人[1 つ]**」なので，まず of (③) を置き，その後に **those who** (④⑤) で「～する人たち」を作ります。関係詞節中は「～(の存在) を信じる」の意味の句動詞 believe in (①②) を作り，文末の a sixth sense に続けます。

語句 sixth sense 名「第六感，直感」

和訳 彼は直感を信じている人の 1 人です。

15 ⑥②③⑦⑤①④ Why do so many **new students** **visit** **your office** **one after** another?

▶ 空所直前に so many があるので，まず主語になる名詞句として new students (⑥②) を置き，次に〈動詞＋目的語〉で visit your office (③⑦⑤) を配置します。最後に **one after another**「**(3 つ以上が) 次から次へと**」という成句を作るため，one after (①④) とします。なお，one after the other では「(2 つのものが) 代わる代わる」の意味になることも覚えておくとよいでしょう。

8 形容詞・副詞

この章では形容詞と副詞に関する基本知識を拡充しましょう。形容詞については叙述用法と限定用法の違いを理解することが大前提になります。副詞については形容詞と同じ形をした副詞や似た形で意味の異なる副詞などを正確に覚えましょう。

Check 1 形容詞の叙述用法と限定用法

次の文の空所に最も適切なものを選んで入れよ。

They look so much [　　　] that I can't tell them apart.

① like　② likely　③ liking　④ alike　（山梨大）

正解 ④

解説 空所は**動詞 look の補語**になる部分なので，叙述用法（動詞の補語として用いる）で用いられる形容詞が必要です。④ **alike** は**叙述用法のみで使われる形容詞**で「同様で，よく似て」の意味を表します。なお，この文では so ～ that ... の「とても～なので…」が用いられています。

和訳 彼らはとてもよく似ているので，私は彼らを見分けられない。

■ 叙述用法のみの形容詞

- afraid「恐れて」
- alert「警戒して」
- alike「同様で」
- alive「生きて」
- ashamed「恥じて」
- asleep「眠って」
- awake「目覚めて」
- content「満足で」
- glad「喜んで」
- sorry「気の毒で」
- unable「～できない」
- worth「価値のある」

Check 2 人を主語にしない形容詞

次の文の空所に最も適切なものを選んで入れよ。

I'd like to talk to the professor some time soon. What time [　　　]?

① will he convenient　② would be convenient for him

③ will he be convenient　④ would it convenient for him　（東京経済大）

正解 ②

解説 convenient「便利な，都合のよい」は**人を主語にせず，物や事柄を主語にする形容詞**です。ここでは疑問詞を含んだ **what time が主語**となる ② が正解です。③ は he が主語なので不適切です。①，④ は動詞が不足しています。

和訳 いつか早くに教授と話をしたいのです。何時なら彼の都合がよいでしょうか。

人を主語にしない形容詞（Check 2 参照），数量表現（p.82 押さえておきたい6題：4・6，p.84，86 差がつく10題：1・8参照），評価形容詞（p.82 押さえておきたい6題：1参照），lateの2種類の比較活用（p.84 差がつく10題：2参照）などが頻出です。

■ 人を主語にしない形容詞

あなたはそこに行く必要がある。

It is **necessary** *for you to go* there.

×You are necessary to go there.

私にはその仕事を完成させるのが不可能だった。

It was **impossible** *for me to complete* the task.

×I was impossible to complete the task.

Check 3 否定的な意味を持つ副詞

次の文の空所に最も適切なものを選んで入れよ。

There is [ ] anyone who has been able to solve this math problem in this class.

① hardly　② narrowly　③ usually　④ considerably　（工学院大）

正解 ①

解説 空所後にanyoneがあることに注目します。肯定文ではanyoneは「だれでも」という意味になり，ここでは不自然なので，否定の文脈を考えます。副詞hardlyは「ほとんど～ない」という弱い否定を表す語で正解は① **hardly** になります。

語句 narrowly 副「かろうじて」，usually 副「ふつうは」，
considerably 副「かなり」

和訳 このクラスにはこの数学の問題を解けた人はほとんどいない。

■ 準否定の副詞

〈ほとんど～ない：hardly; scarcely〉

I could **hardly** believe her story.　彼女の話はほとんど信じられなかった。

There is **scarcely** any work today.　今日は仕事はほとんどない。

〈めったに～ない：seldom; rarely〉

His father is **seldom** ill.　彼の父はめったに病気をしない。

Bob **rarely** eats out.　ボブはめったに外食をしない。

押さえておきたい6題

空所に最も適切なものを選んで入れよ。

1 It was rude [ ] him to come to the party without being asked.

① of　② at　③ by　④ with

（追手門学院大）

2 Be sure to return [ ] to our school library a week from today.

① these two books　② two these books
③ these both books　④ both two books

（清泉女子大）

3 [ ] people decided to desert the town and to flee to the rural area.

① The number of　② Almost
③ A number of　④ Most of

（東邦大）

4 [ ] store in this area holds a sale twice a year.

① All　② Some　③ Every　④ Few

（名城大）

5 [ ] people present at his 77th birthday party were about the same age.

① Almost　② Almost of the　③ Most of the　④ The most

（金城学院大）

6 The Olympic Games are held [ ] four years.

① some　② another　③ other　④ every

（中部大）

1 ①

▶ 形容詞 rude「**不作法な，無礼な**」は人の行動についての評価を示す語ですが，このタイプの形容詞は〈**It is 〜 of＋人＋to *do***〉のパターンで用いられます。よって，正解は ① **of** になります。この文は He was rude to come ... に書き換え可能です。

和訳 呼ばれてもいないのにパーティーに来るとは彼は無礼だった。

2 ①

▶ 名詞に複数の修飾語がかかる場合には，〈**限定詞（冠詞や指示形容詞など）＋数量詞（＋形容詞）＋名詞**〉の語順になります。よって，① **these two books** が正解です。both は限定詞の前に置かれるので ③ は不可です。

和訳 今日から１週間後に，この２冊の本を学校図書館に必ず返却しなさい。

3 ③

▶ ③ **A number of 〜** で「たくさんの〜」（＝many）の意味が表せます。なお，名詞 number は many や few では修飾できず，large や small で修飾するので，「とてもたくさんの〜」とするには **a large［great］number of 〜** の形にします。

語句 desert 他「（人・場所）を捨てる」，flee 自「逃げる」，rural 形「いなかの，田園の」

和訳 多くの人が町を捨て，田園地帯に避難することに決めた。

4 ③

▶ 空所の後に**単数形の可算名詞 store** があり，動詞は holds で３人称単数現在の -s がついていることを確認します。したがって，単数名詞を修飾することのできる ③ **Every** が正解になります。① All，② Some，④ Few の場合は，可算名詞は複数形になり，動詞も複数一致します。

和訳 この地域のお店はすべて１年に２回，セールを行う。

5 ③

▶ 形容詞 many の最上級である most は代名詞的にも用いられ，〈**most of＋the［所有格］＋名詞**〉で「〜のほとんど」を意味します。よって，③ **Most of the** が正解。なお，almost は almost all［every］という形で「ほとんどすべての〜」になります。

和訳 彼の 77 歳の誕生日会に出席した人々のほとんどはほぼ同じ年齢だった。

6 ④

▶「どの〜も」の意味では ④ **every** の後は単数名詞ですが，「〜ごとに」の意味では，〈**every＋基数［few］＋複数名詞**〉または〈**every＋序数＋単数名詞**〉の形になります。ここでは空所後に基数 four があるので，複数名詞の years が用いられています。

和訳 オリンピックは４年ごとに開かれる。

差がつく 10 題

空所に最も適切なものを選んで入れよ。

1 [　　　] members were reluctant to put her idea into practice, so she had to reconsider her entire plan.

① Quite a few　② Quite few
③ Quite a little　④ Quite little

（松山大）

2 The [　　　] half of this book is more interesting than the former half.

① late　② later　③ latter　④ lately

（愛知工業大）

3 I can't finish this coffee. It's [　　　] for me to drink.

① hot　② much too hot
③ too much hot　④ very hot

（鹿児島大）

4 Polluted air drifts all over. It even rises [　　　] above the Earth.

① high　② highly　③ height　④ tall

（広島工業大）

5 [　　　] cars you see here were manufactured in Germany.

① Most　② Almost　③ Most of　④ The most

（南山大）

1 ①

▶ **quite a few[little] ～** で「**かなり多くの～**」という意味になりますが，ここでは空所後が複数名詞 members になっているので，① **Quite a few** が正解です。③ Quite a little では続く語が不可算名詞になる必要があります。

語句 reluctant 形「気が進まない」，put ～ into practice 熟「～を実行する」，reconsider 他「～を再考する」

和訳 かなり多くのメンバーが彼女のアイデアを実行したがらなかったので，彼女は計画全体を再考しなければならなかった。

2 ③

▶ late の活用は意味により 2 通りあります。「(時間などが) 遅い，遅れて」の意味では **late－later－latest**，「(順序が) 後で」の意味では **late－latter－last** の活用になります。ここでは「本の後半」で順序の意味なので，③ **latter** が正解です。

和訳 この本の後半は前半よりもおもしろい。

3 ②

▶ **too hot (to drink)** で「熱すぎる (ので飲めない)」ですが，この too hot をさらに強調するには too の前に much を置きます。よって，② **much too hot** が正解です。much が形容詞を直接修飾するのは，much hotter などのように形容詞・副詞が比較級の場合です。なお，He speaks *too much*.「彼はしゃべりすぎる」の too much は speak(s) を修飾する副詞 much「大いに」を too が修飾(強調)する形です。

和訳 私にはこのコーヒーは飲みほせない。飲むにはあまりにも熱すぎる。

4 ①

▶ 空間的に「高く，高いところに」という意味の副詞は ① **high** です。② highly は「非常に，大いに／高く(評価して)」などの意味で，程度の高さを表す副詞です。

語句 pollute 他「～を汚染する」，drift 自「漂う」

和訳 汚染された空気が全体に漂っている。それは地球の上空高くにまでも及んでいる。

5 ①

▶ 空所直後が冠詞や所有格代名詞などのついていない名詞 cars なので，「ほとんどの～」の意味では ① **Most** が正解です。②は **Almost all the cars**，③は **Most of the cars** ならば正しくなります。④では文意が成立しません。

語句 manufacture 他「～を製造する」

和訳 ここで見られるほとんどの車はドイツで製造された。

6 [____] to try this medicine without their parents consulting a doctor?

① Are young children dangerous
② Are young children danger
③ Is it dangerous for young children
④ Is it dangerous of young children

（名古屋工業大）

7 It is very [____] that she will win the first prize in the contest.

① maybe　② certainly　③ perhaps　④ likely

（千葉工業大）

8 California has [____] Spanish-speaking population.

① many　② much　③ a number of　④ a large

（福岡大）

9 Because of the heavy snowfall, the train arrived [____].

① an hour late　② an hour lately
③ late an hour　④ later an hour

（神戸学院大）

10 Hurry up! [____] we will miss the train.

① And　② Moreover　③ Otherwise　④ Unless

（白百合女子大）

6 ③

▶ 形容詞 dangerous は「周囲に危険を及ぼす」で，人を主語にすると「その人が周りに危害を与える」という意味になってしまいます。よってここでは，形式主語の it が不定詞を指す形で，不定詞の意味上の主語が for ～ で示されている③が正解になります。④は前置詞が of なので，意味的に Young children are dangerous と同等になるため不自然です。*cf.* It was *wise* of you to do that.「そうしたとは君は賢明でしたね」 **語句** consult 他「(専門家など)に意見を聞く／(医者)にかかる」

和訳 親が医師に相談もせずに幼い子供がこの薬を飲むのは危険ですか。

7 ④

▶ **It is likely that ～** で「**～しそうだ，たぶん～だろう**」という意味になります。この文は不定詞を用いて，**She is** very **likely to win** the first prize in the contest. に書き換えられます。なお，likely は -ly の語尾ですが副詞ではなく，形容詞であることに注意しましょう。friendly「親しい」，heavenly「天国のような，天の」なども -ly 語尾ですが，形容詞です。

和訳 たぶん彼女はコンテストで 1 等賞を取るだろう。

8 ④

▶ 名詞 population「人口」は many［a lot of］や few では修飾できず，**large**，**small** で修飾します。よって ④ **a large** が正解です。ほかにも amount「量」，audience「聴衆」，expense「費用」，income「収入」，number「数」，salary「給与」なども large，small で「多い・少ない」を表す名詞です。

和訳 カリフォルニアにはスペイン語を話す人口が多い。

9 ①

▶「**遅れて**」の意味の副詞は **late** です。late の程度を表す表現が late の前に an hour と示されている ① **an hour late** が正解になります。lately は「最近，近頃」という意味の副詞で，ふつうは完了形と一緒に使います。

和訳 大雪のせいで，列車は 1 時間遅れで到着した。

10 ③

▶ 第 1 文の「急ぎなさい」と第 2 文の「電車に乗り遅れるだろう」から，「急がないと」という意味が適切であり，「さもないと」の ③ **Otherwise** が正解です。

和訳 急ぎなさい！　さもないと電車に乗り遅れますよ。

9 比較

この章では，原級・比較級・最上級という３つの比較の表現形式に関する知識の拡充を図りましょう。比較の強調の仕方や，倍数の表し方，比較の慣用表現など，重要な形式をしっかりと確認することが主眼です。

Check 1 比較の強調

次の文の空所に最も適切なものを選んで入れよ。

This summer is [　　　] hotter than last summer.

① much　② too　③ so　④ very　（芝浦工業大）

正解 ①

解説 空所後に hotter という形容詞の比較級があることを確認します。比較級を強調するには ① **much** が適切です。

和訳 今年の夏は去年の夏よりずっと暑い。

■ 比較の強調

〈比較級の強調〉

Jack runs ***much***[***far***] *faster than* Bob. ジャックはボブよりもずっと速く走る。

This is ***a lot*** *better than* that. これはあれよりずっとよい。

〈最上級の強調〉

This is ***by far***[***much***] *the best* movie of them all.

これがそれらすべての中でずば抜けて一番よい映画だ。

She is *the* ***very*** *prettiest* girl in this class.

彼女はこのクラスでまさしく一番かわいい女の子だ。

Check 2 倍数を表す表現

次の文の空所に最も適切なものを選んで入れよ。

He has [　　　] I have.

① three times books as many as　② three times as many books as

③ many books as three times as　④ as three times as many books

（東京電機大）

正解 ②

解説 「…の何倍の～」を表すには〈**数詞＋times as ～（＋名詞）＋as ...**〉の形を用います。この問題では，「…の３倍の多さの本」ということで，② **three times**

3つの基本的な比較の表現形式に関する出題に加え，比較級・最上級の強調の仕方（☑Check 1 参照）や倍数表現（☑Check 2 参照）も頻出です。さらに，さまざまな比較の慣用表現（☑Check 3 参照）に関する出題も多く見られます。

as many books as が正解です。

和訳 彼は私より3倍も多くの本を持っている。

■ 倍数を表す表現

彼の部屋は私の部屋の**2倍**の広さだ。

※「2倍」ではtwiceを用います。ただし，twiceは比較級とは一緒に用いません。

〔原級比較〕 His room is ***twice*** *as large as* mine.

〔名詞〕 His room is ***twice*** *the size of* mine.

彼女は私の（給料の）**3倍**多く稼ぐ。

※「3倍」以上では〈数詞＋times〉を用います。

〔原級比較〕 She earns ***three times*** *as much as* I do.

〔比較級〕 She earns ***three times*** *more than* I do.

〔名詞〕 She earns ***three times*** (*the amount of*) my *salary*.

☑Check 3 比較の慣用表現

次の文の空所に最も適切なものを選んで入れよ。

Please try to use only English in this class as [ ] as possible.

① soon ② many ③ good ④ much （桜美林大）

正解 ④

解説 **as ～ as possible** で「できる**だけ**～」という意味が表されます。ここでは副詞の ④ **much** を入れ，「できるだけたくさん」とすれば文意が成立します。

和訳 この授業ではできるだけ英語のみを使うようにしてください。

■「できるだけ～」：as ～ as possible / as ～ as S can

できるだけたくさん本を読むべきです。

You should read **as** *many* books **as possible**.

＝ You should read **as** *many* books **as** you **can**.

彼はできるだけ早く走った。

He ran **as** *fast* **as possible**.

＝ He ran **as** *fast* **as** he **could**.

押さえておきたい6題

空所に最も適切なものを選んで入れよ。

1 The DVD player is the [　　　] profitable of all the products now on sale.

① much　② more　③ most　④ very

（中京大）

2 Do you think that football players in European leagues are [　　　] paid than professional football players in Japan?

① as highly as　② more highly
③ highest　④ very high

（名古屋工業大）

3 Because of the economic situation, [　　　] money is being spent on hobbies today than 20 years ago.

① fewer　② less　③ little　④ no

（清泉女子大）

4 Asia is [　　　] far larger than Australia.

① so　② much　③ by　④ on

（桜美林大）

5 My father is [　　　] than my mother.

① older three　② three years older
③ by three years old　④ older to three years

（桜美林大）

6 I speak German as [　　　] he does.

① for　② to　③ well as　④ good　⑤ of

（日本大）

1 ③

▶ **of all the products**「すべての製品の中で」という表現が含まれているので，**最上級**を用いるのが適切です。よって，正解は③ **most** になります。 **語句** profitable 形「もうけになる」，product 名「製品」，on sale 熟「売りに出されている」

和訳 DVD プレーヤーは今売られているすべての製品の中で最も利益になる。

2 ②

▶ 空所後に than があるので，**比較級**の表現である ② **more highly** が正解です。be highly paid で「高給をとっている」という意味になりますが，この問題では，副詞 highly「高額に」が比較されています。

和訳 ヨーロッパリーグのサッカー選手たちは日本のプロサッカー選手よりも給料がよいと思いますか。

3 ②

▶ than 20 years ago という比較対象が示されているので，**比較級**を用いますが，空所後の名詞が不可算名詞の money なので，little の比較級である ② **less** が正解になります。 **語句** economic 形「経済の」，situation 名「状況」

和訳 経済状況のせいで，現在趣味に使われているお金は 20 年前よりも少ない。

4 ③

▶ 比較級の強調は **much**，(**by**) **far**，**a lot** などで行います。この問題では空所の後に far があるので，③ **by** を入れ，by far を作れば正解です。

和訳 アジアはオーストラリアよりはるかに大きい。

5 ②

▶ 空所後の than から**比較級**とわかりますが，ここでは older の前の名詞句 three years が副詞的に機能し，older の程度の差を表す ② **three years older** が正解です。なお，この文は My father is older than my mother by three years. に書き換え可能です。

和訳 私の父は母よりも 3 歳年上だ。

6 ③

▶ 副詞 well「上手に」を as ～ as と組み合わせ，「同じぐらい上手に」という原級比較の文にします。よって，③ **well as** が正解です。なお，文末の does は speaks German well の意味を表す代動詞です。

和訳 私は彼と同じぐらい上手にドイツ語を話す。

差がつく 15 題

1〜10：空所に最も適切なものを選んで入れよ。

1 This is the [ ] best wine I've ever tasted.

① so ② most ③ much ④ very

（中京大）

2 This used piano is much [ ] than that new one.

① least expensive ② little expensive ③ as expense
④ less expensive ⑤ least expense

（大東文化大）

3 You have [ ] more good friends than I.

① many ② much ③ so ④ such

（松山大）

4 He got up [ ] than usual to do his homework.

① earlier ② longer ③ soon ④ immediate

（東京国際大）

5 I think he is [ ] the most talented baseball player today.

① by far ② many ③ as far as ④ very

（和光大）

1 ④

▶ 空所後で形容詞 good の**最上級 best** が用いられているので，最上級を強調できる副詞を選びますが，空所前に the があるので，④ very を入れ，〈**the very＋最上級**〉で「**まさに最も〜な**」となります。③ much や by far なども最上級を強調できますが，その場合は〈much［by far］the＋最上級〉となり，the の前に置かれます。

和訳 これは私が今までに味わった中でまさに最高のワインだ。

2 ④

▶ 空所後に than があるので，**比較級**の ④ **less expensive** が正解です。less 〜 than ... で「…よりも〜ではない」の劣勢比較になります。ここでは expensive「（値段が）高い」が less で比較されているので，「より安い」という意味であり，This used piano is much cheaper than that new one. とほぼ同義になります。

和訳 この中古のピアノは新品よりはるかに値段が安い。

3 ①

▶「ずっと多くの〜」の意味では，〈**many more＋複数名詞**〉または〈**much more＋不可算名詞**〉が使われますが，ここでは friends という複数名詞が含まれているので，① **many** が正解になります。*cf.* We needed much more money than we had expected.「私たちが予想していたよりもはるかに多くのお金が必要だった」

和訳 あなたには私よりもずっと多くのよい友だちがいる。

4 ①

▶〈**比較級＋than usual**〉で「**いつもより〜**」という意味になります。ここでは got up「起床した」を修飾する副詞として，意味的に ① **earlier** が適切です。

和訳 彼は宿題をやるためにいつもより早く起きた。

5 ①

▶ the most talented という最上級の表現が含まれているので，**最上級を強調**することのできる ① **by far**「はるかに，ずばぬけて」が正解です。

語句 talented 形「才能のある」

和訳 彼は現在ずばぬけて最も才能のある野球選手だと思う。

6 Learning to drive was more difficult than she [ ].

① had thought ② has thought
③ will have thought ④ wouldn't think

（日本女子大）

7 This is [ ] of the two computers.

① more expensive ② most expensive
③ the most expensive ④ the more expensive

（宮崎産業経営大）

8 The singer is now old, but his voice sounds as great [ ] ever.

① as ② for ③ so ④ than

（実践女子大）

9 As it is old, I won't wear this sweater [ ].

① any more ② some more ③ any
④ lesser ⑤ less than

（九州産業大）

10 We should have known better than [ ] him.

① trusted ② trusting on
③ to trust ④ to trust on

（福岡大）

6 ①

▶ 比較対象を導く than の後ろが節になることもあります。ここでは，was more difficult「より難しかった」という過去の事実に対して，それ以前に予想していたことと比較しているため，① **had thought** の**過去完了形**が用いられます。

和訳 車の運転を覚えるのは彼女が思っていたよりも難しかった。

7 ④

▶ **「2者のうちより～な方である」**という比較を表現するには最上級ではなく**比較級**を用いますが，その場合，**〈the＋比較級〉**の形になります。よって ④ **the more expensive** が正解です。

和訳 これは2台のコンピューターのうちでより値段の高い方です。

8 ①

▶ **as ～ as ever** で**「相変わらず～，いつものように～」**という意味が表されます。よって，① **as** が正解です。ここでは，第2文型動詞 sounds の補語である形容詞 great が修飾を受け，「相変わらずすばらしい」という意味になっています。

和訳 その歌手は今では年老いたが，彼の声は相変わらずすばらしい。

9 ①

▶ **not ～ any more** で**「もうこれ以上～ない」**という意味になります。よって，① **any more** が正解です。not ～ any longer や no longer ～ も「もう～ない」の意味になるので，I won't wear this sweater any longer. や I will no longer wear this sweater. に書き換え可能です。

和訳 古くなったので，私はもうこのセーターを着ない。

10 ③

▶ **know better than to *do*** で**「do しないだけの分別がある」**という意味です。さらに，trust は他動詞で前置詞は不要なので，③ **to trust** が正解となります。なお，should have *done* は「do すべきだった(のにしなかった)」という意味です。

和訳 私たちは彼を信頼しないだけの分別を持つべきだった。

11～15：与えられた語句を並べ替えて，文を完成させよ。

11 これは見かけほど大きな問題ではない。

This is not as [ ] [ ] [ ] [ ] [ ] appear.

① big　② it　③ a problem　④ as　⑤ might

（大阪学院大）

12 彼女ははにかみ屋なので，それだけよけいに彼女が好きだ。

I like her [ ] [ ] [ ] [ ] [ ] shyness.

① the　② her　③ all　④ for　⑤ better

（明海大）

13 イギリスの人口はアメリカほど多くない。

[ ] [ ] [ ] [ ] [ ] [ ] [ ] [ ] [ ] [ ].

① the UK　② population　③ not　④ large as　⑤ as
⑥ of　⑦ the US　⑧ the　⑨ that of　⑩ is

（中部大）

14 実地体験を通して学ぶ方が，教科書で勉強するより優れていることがよくあります。

Learning through [ ] [ ] [ ] [ ] [ ] [ ] [ ].

① to　② with　③ is often　④ a textbook
⑤ field experience　⑥ superior　⑦ studying

（和光大）

11 ①③④②⑤ This is not as **big a problem** as it might appear.

▶ ふつうは〈a＋形容詞＋名詞〉の語順ですが，**as**［**so, too**］が前に置かれると〈**as＋形容詞＋a＋名詞**〉の語順になります。まず，big a problem（①③）を作り，比較の対象として as it might（④②⑤）（appear）「（そう）見えるかもしれないほど」を続けます。

12 ③①⑤④② I like her **all the better for her** shyness.

▶ **all the better for**（③①⑤④）～ で「**～であるために，その分だけいっそう**」という意味が表現できます。最後に名詞 shyness を修飾する所有格の人称代名詞② her を置いて完成です。この文は I like her all the better because she is shy. というように前置詞句の代わりに because節で表すこともできます。

13 ⑧②⑥①⑩③⑤④⑨⑦ **The population of the UK is not as large as that of the US.**

▶ まず The population of the UK（⑧②⑥①）を主語とし，動詞の否定 is not（⑩③）を置きます。その後に，原級比較で as large as（⑤④）と the population の代わりになる代名詞 that を含む that of the US（⑨⑦）を配置して完成です。

14 ⑤③⑥①⑦②④ **Learning through field experience is often superior to studying with a textbook.**

▶ まず，前置詞 through の目的語として ⑤ field experience を置き，述部に is often superior（③⑥）を続けます。**be superior to** ～ で「**～より優れた**」という意味になるので，① to を配置し，その目的語として studying with a textbook（⑦②④）を続けて完成です。

15 マリは有名なピアニストで，今までに海外のコンサートで 100 回も演奏しています。

Mari is a well-known pianist [ ] [ ] [ ] [ ] [ ] [ ] [ ] 100 times until now.

① and has　② concerts abroad　③ in　④ less
⑤ no　⑥ played　⑦ than

（武庫川女子大）

差がつくポイント **no more[less] than 〜 と not more[less] than 〜**

15 ①⑥③②⑤④⑦ Mari is a well-known pianist and has played in concerts abroad no less than 100 times until now.

▶ まず〈接続詞＋完了〉の助動詞である ① and has の後に Vpp の ⑥ played を続けます。そして in concerts abroad「海外のコンサートで」(③②) を置き，最後に no less than (⑤④⑦) 〜「〜も」が 100 times を修飾するように並べます。

He has **no more than** 1,000 yen.　「たった千円しか」〔＝only〕
He has **no less than** 100,000 yen.　「10 万円も」〔＝as much as〕
He has **not more than** 1,000 yen.　「せいぜい千円しか」〔＝at most〕
He has **not less than** 100,000 yen.「少なくとも 10 万円」〔＝at least〕

10 関係詞

この章では，代名詞と接続詞の機能を果たす関係代名詞と，副詞と接続詞の機能を果たす関係副詞の基本的用法に関する知識を定着させ，さらにそれぞれの限定用法と継続用法の違いや -ever 型の複合関係詞の使い方を学習しましょう。

Check 1 関係代名詞の省略

次の文の空所に最も適切なものを選んで入れよ。

The person we [　　] at the party last night is a famous athlete.

① seen　② saw　③ see　④ seeing　(中部大)

正解 ②

解説 文全体の主語は The person で述部は is a famous athlete になります。we ～ last night の部分は person を修飾する関係詞節で，前に whom [that] が省略されています。関係詞節中の主語 we に対する時制を持った動詞が必要であり，「昨夜」のことなので，過去形の ② **saw** が正解です。

和訳 私たちが昨夜パーティーで会った人は有名な運動選手です。

■ 目的格の関係代名詞

The woman (**whom** [**that**]) I met ₀ yesterday is a doctor.

昨日私が会った女性は医者だ。

The book (**which** [**that**]) she gave me ₀ was interesting.

彼女が私にくれた本はおもしろかった。

> 目的格の関係代名詞は省略可能。

The man ***with* whom** [×with] I went there 前置詞句 is my friend.

私がそこに一緒に行った男性は私の友だちだ。

> 前置詞が関係詞節に先行する場合は省略不可。

The man (**whom**) I went there ***with*** ₀ is my friend.

私がそこに一緒に行った男性は私の友だちだ。

> 前置詞が後ろに残る場合は省略可能。

Check 2 関係代名詞 what

次の文の空所に最も適切なものを選んで入れよ。

I'm so happy! This T-shirt is exactly [　　] I wanted.

① that　② which　③ what　④ where　(名古屋学院大)

関係代名詞と関係副詞の区別（Check 3 参照）が頻繁に問われる知識です。また，目的格の関係代名詞の省略（Check 1 参照）は空所補充問題だけではなく，語句の並べ替え問題でもよく出題されますので，特徴をしっかりと確認しましょう。

正解 ③

解説 まず空所後の動詞 wanted の目的語がないことを確認します。一方，空所前の exactly は副詞なので，先行詞がないことがわかります。よって正解は，**先行詞を含んだ関係代名詞**である ③ **what** になります。

和訳 とても嬉しい！　このＴシャツは私が欲しかったまさにそのものだよ。

■ 関係代名詞 what の用法：what は先行詞を含んだ関係代名詞です。

主語：S **What** really matters is time.　本当に大切なのは時間だ。
目的語：I can't believe O **what** he said.　私は彼が言ったことが信じられない。
補語：She is not C **what** she used to be.　彼女は昔の彼女ではない。

Check 3 関係副詞

次の文の空所に最も適切なものを選んで入れよ。
The hotel ＿＿＿ the conference was held is near the city hall.
① which　② where　③ in that　④ in it　（札幌大）

正解 ②

解説 空所後では the conference was held〈主語＋be Vpp〉で文が完成しています。したがって，必要な関係詞は副詞の機能を果たしているとわかるので，関係代名詞ではなく，**関係副詞**が適切です。正解は ② **where** です。

和訳 会議が開かれたホテルは市役所の近くにある。

■ 関係代名詞と関係副詞の区別

関係副詞か関係代名詞かは関係詞節中の役割で決まります。

関係副詞：This is the house **where** he was born 副詞句.
ここは彼が生まれた家だ。
＝ This is the house ***in which*** he was born.

関係詞節中で主語・補語・目的語のいずれも欠けていない⇒**関係副詞**

関係代名詞：This is the house **which** he built O by himself.
ここは彼が自分で建てた家だ。

関係詞節中で主語・補語・目的語のいずれかが不足⇒**関係代名詞**

押さえておきたい6題

空所に最も適切なものを選んで入れよ。

1 Patrick and his family visited Thailand, [　　　] they had a wonderful time.

① what　② where　③ which　④ that

（中部大）

2 Dr. Jones lives near the subway station, [　　　] is a very busy area.

① where　② that　③ what　④ which

（西南学院大）

3 In recent years, the number of people [　　　] use smartphones has increased in Japan as well as overseas.

① which　② who　③ whose　④ who is

（東京電機大）

4 The time will soon come [　　　] we can enjoy space travel.

① which　② when　③ what　④ where

（和光大）

5 This is the department store [　　　] his grandfather founded fifty years ago.

① which　② where　③ what　④ whose

（国士舘大）

6 I think it's important to make friends with people [　　　] background and experience are different from my own.

① whose　② who　③ whom　④ which

（東京経済大）

1 ②

▶ 空所後で〈S＋V＋O〉の第 3 文型が成立しているので，**関係副詞**が入りますが，先行詞が Thailand なので ② **where** が正解です。ここでは，コンマの後で継続用法として用いられていて，and there「そしてそこで」という意味になります。

和訳 パトリックと彼の家族はタイを訪れ，彼らはそこですばらしい時間を過ごした。

2 ④

▶ 空所後に be 動詞 is の主語がないことから，**主格の関係代名詞**が必要であると判断します。「そしてそれは」という意味での関係代名詞の**継続用法**では ② that は使えないので，④ **which** が正解になります。

和訳 ジョーンズ博士は地下鉄駅の近くに住んでいるが，そこは非常ににぎやかな地域だ。

3 ②

▶ 空所後の動詞 use の主語がなく，空所前の名詞が people「人々」なので，**人を表す主格の関係代名詞**である ② **who** が正解になります。

語句 recent 形「最近の」，～ as well as ... 熟「…だけでなく～も」，
overseas 副「海外で」

和訳 近年，海外だけでなく日本でもスマートフォンを使う人の数が増えてきた。

4 ②

▶ 関係副詞の節と先行詞が離れる場合もあります。ここでは文の主語である **The time** が**先行詞**として機能しており，**時の関係副詞** ② **when** が正解になります。

和訳 私たちが宇宙旅行を楽しむことができる時代がもうすぐ来るだろう。

5 ①

▶ 空所後で founded の目的語がないことから，**目的格の関係代名詞**が必要です。先行詞は the department store という「物」なので，① **which** が正解です。

和訳 ここは彼の祖父が 50 年前に創立した百貨店です。

6 ①

▶ 空所後に background and experience という主語になる名詞句があり，その後に続く are different で節が完成しているので，関係詞節中の主語を修飾する**所有格の関係代名詞**が必要です。よって，正解は ① **whose** になります。

和訳 経歴や経験が自分のものとは異なる人々と友だちになることが重要だと私は思う。

差がつく 15 題

1〜10：空所に最も適切なものを選んで入れよ。

1 I want to know the reason [　　] you did it.

① what　② which　③ why　④ how

(芝浦工業大)

2 [　　] finds it first will receive a reward.

① Anyone　② No matter who
③ Those who　④ Whoever

(東北学院大)

3 I'd like to show you the room [　　] he wrote his stories.

① in that　② in which　③ wherever　④ whatever

(福岡大)

4 She said she was good at using computers, [　　] turned out to be a lie.

① what　② which　③ that　④ who

(札幌学院大)

5 He has been in hospital for two weeks. That's [　　] he can't come today.

① because　② how　③ why　④ the way

(東京電機大)

1 ③

▶ 空所後で you did it という〈S＋V＋O〉の第3文型の文が成立していて，文を構成する要素の不足がないので**関係副詞**が必要になりますが，先行詞が **the reason** で理由を表すので ③ **why** が正解です。

和訳 私はあなたがそれをした理由が知りたい。

2 ④

▶ 空所から first までで文の主語となる名詞節を作る必要があります。**複合関係代名詞**の **whoever** で「**〜する人はだれでも**」（＝anyone who）の意味が表せるので，④ **Whoever** が正解になります。② No matter who は名詞節ではなく，「だれが〜しようとも」の意味の譲歩の副詞節を作るので，ここでは不適切です。また ③ は，空所後が find であれば正解になりえます。

和訳 それを最初に見つけた人は，だれであれ謝礼金をもらえます。

3 ②

▶ 空所後の部分で he wrote his stories の〈S＋V＋O〉の第3文型の文が成立していることを確認します。先行詞が the room なので関係副詞の where を入れられますが，選択肢に含まれていないので，he wrote his stories in the room と考え，〈**前置詞＋関係代名詞**〉の ② **in which** が正解と判断します。

和訳 私は彼が物語を書いた部屋をあなたに見せたいです。

4 ②

▶ 関係代名詞 **which** の継続用法では，先行詞が名詞ではなく，先行する文や節の内容となることがあります。ここでは，said の目的語になる（that の省略された）名詞節の内容を先行詞とする ② **which** が正解になります。

語句 turn out 〜 熟「〜だとわかる」，lie 名「嘘」

和訳 彼女はコンピューターを使うのが得意だと言ったが，それは嘘だとわかった。

5 ③

▶ **関係副詞** **why** は the reason why 〜 で「**〜の理由**」という意味ですが，先行詞の the reason はしばしば省略されるので，③ **why** が正解です。**That's why** 〜 で「**そういう訳で〜**」という意味になります。That's because 〜 は「それは〜だからです」，That's how［the way］〜 は「そのようにして〜」という意味です。

和訳 彼は２週間入院している。そういう訳で，彼は今日は来られない。

6 I owe [   ] I am to my mother.

① it　② that　③ what　④ in

（九州国際大）

7 I'd like to rent my own office, [   ] small it may be.

① even if　② however　③ no matter　④ whatever

（日本女子大）

8 John is [   ] is called a man of culture.

① that　② what　③ which　④ who

（関東学院大）

9 Mr. Smith is the very person [   ] we got the information.

① from whom　② that　③ to that　④ who

（清泉女子大）

10 [   ] is often the case with her, she tends to be very talkative after she sees a movie.

① As　② Because　③ Since　④ Why

（関東学院大）

6 ③

▶ **owe A to B** で「**A は B のおかげだ**」という意味が表現できます。この問題では，〈空所＋I am〉が A に相当するので，名詞節としてはたらく先行詞のない関係詞節が必要であることになり，③ what が正解になります。**what I am** で「**今の自分**」という意味です。

和訳 私が今あるのは母のおかげです。

7 ②

▶ 文末に be 動詞の補語がないので，形容詞 small が補語であるとわかりますが，形容詞を修飾するには副詞が必要です。よって，ここでは**複合関係副詞**で「どんなに小さくても」の意味になる ② however が正解です。③ no matter では how が不足です。①は空所後が it may be small と small が be の後ろに置かれれば正解です。

和訳 どんなに小さいものであれ，私は自分の事務所を借りたい。

8 ②

▶ what is called で「**いわゆる**」という意味の慣用表現になります。動詞 call の受動態の主語が関係代名詞 what になった形ですが，**what we［you, they］call** という能動態の形でも同様の意味を表せます。

和訳 ジョンはいわゆる教養のある人だ。

9 ①

▶ 先行詞は person で very「まさに」で修飾されています。空所後で〈S＋V＋O〉の第 3 文型が完成しているので，② that や ④ who は入れられません。ここでは we got the information from him［＝the person］と考え，① from whom が正解になります。

和訳 スミス氏は，私たちがその情報をもらったまさにその人だ。

差がつくポイント **疑似関係代名詞：as**

10 ①

▶ 疑似関係代名詞を用いた慣用表現 as is often the case with ～ で「～にはよくあることだが」という意味になります。よって，正解は ① As です。

和訳 彼女にはよくあることだが，映画を観た後，非常におしゃべりになりがちだ。

疑似関係代名詞：もともと接続詞である as が関係代名詞のように機能します。

As is usual with **him, he was late for school.**
彼にはいつものことだが，彼は学校に遅れた。

As was expected**, he failed the exam.**
予想されたことだが，彼は試験に落ちた。

11〜15：与えられた語句を並べ替えて，文を完成させよ。

11 The [ ] [ ] [ ] [ ] [ ] night was about an alien coming to Earth.

① went　② movie　③ last　④ we　⑤ to

（昭和女子大）

12 I pulled the doorknob [ ] [ ] [ ] [ ] [ ] [ ].

① had　② strength　③ I
④ the　⑤ all　⑥ with

（西南学院大）

13 マリが何をしたとしても，私は彼女を信じます。
No [ ] [ ] [ ] [ ] [ ] [ ] [ ] her.

① I　② believe　③ does　④ matter
⑤ Mari　⑥ what　⑦ in

（東洋大）

14 こうして私たちはお互いに知り合いになりました。
[ ] [ ] [ ] [ ] [ ] [ ] [ ] [ ] [ ].

① we　② each　③ to　④ is　⑤ how
⑥ other　⑦ came　⑧ this　⑨ know

（獨協医科大）

15 私の故郷は，10年前の姿ではない。
My hometown [ ] [ ] [ ] [ ] [ ] [ ] [ ] ago.

① years　② was　③ is　④ what
⑤ not　⑥ ten　⑦ it

（札幌大）

11 ②④①⑤③ The movie we went to last night was about an alien coming to Earth.

▶ 文の主語になる名詞句を作る必要があるので，まず The の後に名詞 ② movie を置き，その後に関係詞節を続けます。関係代名詞が選択肢に含まれていないので，目的格の関係代名詞の省略を考え，(which[that]) we went to (④①⑤) として，最後に night を修飾する ③ last を置いて完成です。

和訳 私たちが昨夜行った映画は，地球にやって来る宇宙人についてのものだった。

12 ⑥⑤④②③① I pulled the doorknob with all the strength I had.

▶ まず with all the strength (⑥⑤④②) で「全力で」という意味を表す副詞句を作ります。その後ろには，**目的格の関係代名詞 that[which]** が省略されていると考え，関係節中の主語 ③ I と動詞の ① had を続け，文を完成させます。

語句 strength 名「力」

和訳 私はあらん限りの力でドアノブを引っ張った。

13 ④⑥⑤③①②⑦ No matter what Mari does I believe in her.

▶ 文頭に No があるので，**譲歩**を表す **No matter wh- ～** のパターンだと判断し，matter what (④⑥) をまず置きます。その後に〈主語＋動詞〉で Mari does (⑤③) を続け，最後に主節を作る I believe in (①②⑦) を配置して完成です。

14 ⑧④⑤①⑦③⑨②⑥ This is how we came to know each other.

▶ **関係副詞 how** は **the way in which** に相当し，「**どのようにして～するか**」という意味を表します。ここでは，まず This is (⑧④) を置き，その後に ⑤ how で始まる関係副詞の節を続けます。関係詞節中は we came to know (①⑦③⑨) とし，その後に目的語の each other (②⑥) を配置して完成です。

15 ③⑤④⑦②⑥① My hometown is not what it was ten years ago.

▶ 先行詞を必要としない関係代名詞 **what** を用いる問題です。**what it was** (④⑦②) で「**過去のそれ**」という意味が表せるので，その表現を is not (③⑤) の後に続けます。そして，「10 年前」は ten years (⑥①) を ago の前に置いて完成です。

11 前置詞・接続詞

この章では名詞や動名詞句を後続させる前置詞と節を後続させる接続詞の機能の違いに関する知識を前提に，それぞれの表す多様な意味を確認するとともに，慣用的な表現に関する知識も拡充していきましょう。

☑Check 1 期限を表す前置詞

次の文の空所に最も適切なものを選んで入れよ。

I have to finish the report for the Chinese class [　　] Friday.

① by　② at　③ in　④ until　（愛知大）

正解 ①

解説 Friday という期限までに finish するという**変化が起きる**ことを示す必要があるので，① **by** が正解になります。④ until や till は，ある時点までの**状態や動作の継続**を示すときに使う前置詞です。

和訳 私は中国語の授業のレポートを金曜までに終わらせなければならない。

■ by と till [until] の区別

You have to be here ***until*** 5 o'clock. 〔「ここにいる」状態の継続〕

あなたは5時までずっとここにいなければならない。

You have to be here ***by*** 5 o'clock. 〔「ここにいる」状態の発生〕

あなたは5時までにここに(来て)いなければならない。

☑Check 2 名詞節を導く接続詞

次の文の空所に最も適切なものを選んで入れよ。

I asked Mary [　　] she knew the truth or not.

① that　② when　③ how　④ whether　⑤ why　（九州産業大学）

正解 ④

解説 〈**ask + O_1 + O_2**〉で「**O_1 に O_2 を尋ねる**」という意味の第4文型になります。O_2 には疑問詞で導かれた名詞節を置くことができますが，ここでは文末に or not があるので，②，③，⑤ は意味的に不適切で，「**〜かどうか**」という意味の ④ **whether** が正解です。なお，ask が that 節を取る場合は，〈ask that 〜〉となり，「〜であるべきだと要求する」の意味になりますが，その場合，that 節中の動詞は原形または〈should + 原形〉となります。

和訳 私はメアリーに真実を知っているかどうか尋ねた。

時の前置詞の使い分け（☑Check 1 参照）や前置詞が表すさまざまな意味は常に出題されます。接続詞については，so ～ that ... や such ～ that ... などの相関表現（☑Check 3 参照）の使い分けをしっかり覚えておく必要があります。

■ 名詞節を導く接続詞：whether と if

・彼が来るかどうかを私は知らない。

I don't know **whether**［**if**］he will come *or not*.
I don't know **whether**［×if］*or not* he will come.

ifは or not を直後に置けない。

ifは主語の節を導けない。

・彼が来るかどうかは私には重要ではない。

Whether［×If］he will come *or not* doesn't matter to me.

☑Check 3 接続詞を用いた相関表現

次の文の空所に最も適切なものを選んで入れよ。

I ate ＿＿＿ a big lunch that I had a stomachache in class.

① too　② so　③ such　④ enough　（佛教大）

正解 ③

解説「非常に～なので…」という意味を成立させますが，空所後の名詞句が a big lunch という普通の語順なので，such ～ that を用います。よって，③ **such** が正解です。② so であれば，so big a lunch の語順となります。

和訳 私はお昼ご飯をとてもたくさん食べたので，授業中におなかが痛くなった。

■「非常に～なので…」：so ～ that ... と such ～ that ...

・彼は非常に忙しい大学教授なので，昼食を食べられなかった。

He was **so** *busy a professor* **that** he missed lunch.　〔so＋形容詞＋a＋名詞〕
He was **such** *a busy professor* **that** he missed lunch.　〔such＋a＋名詞〕

・彼女はとてもかわいかったので皆の目に留まった。

She was **so** *pretty* **that** everybody noticed her.　〔名詞はなくても OK〕
She was **such** *a pretty girl* **that** everybody noticed her.
×She was **such** a pretty **that** everybody noticed her.　〔必ず名詞が必要〕

押さえておきたい6題

次の文の空所に最も適切なものを選んで入れよ。

1 These findings are important [　　] that they help us better understand the causes of global warming.

① at　② for　③ in　④ with

（清泉女子大）

2 I asked him [　　] he could swim well enough to cross the river.

① that　② what　③ if　④ which

（駒澤大）

3 He visited Kiyomizu Temple twice [　　] his stay in Kyoto.

① while　② with　③ for　④ during

（神奈川大）

4 Let's go shopping [　　] Mitsubishi Department Store.

① at　② to　③ down to　④ with

（桜美林大）

5 [　　] the fact that there was little rain, people wasted lots of water.

① Because　② Despite　③ In spite　④ Spite

（大阪経済大）

6 [　　] it stops raining, we will leave.

① As soon as　② Whether　③ But　④ Whatever

（札幌学院大）

1 ③

▶ **in that ～** で「**～だという点で**」という表現です。〈前置詞＋接続詞〉という例外的な慣用表現ですが，同様に **except that ～**「**～であることを除いて**」も重要です。

和訳 これらの発見は，私たちが地球温暖化の原因をよりよく理解するのに役立つという点で重要です。

2 ③

▶ 疑問詞のない疑問文を**間接話法**で表す場合は**接続詞**に **if**［**whether**］を用いて，名詞節を作ります。よって，ここでは ③ **if** が正解です。この文を直接話法に直すと，I asked him, "Can you swim well enough to cross the river?" となります。he 以降は完全な文なので，② や ④ の疑問代名詞は入りません。

和訳 私は彼に川を渡れるほど上手に泳げるかどうか尋ねた。

3 ④

▶ 空所後が his stay in Kyoto という**名詞句**なので，**前置詞**の ④ **during** が正解です。① while は接続詞であり，その後は〈S＋V〉を持つ節となる必要があります。つまり，while he was staying ... としなければなりません。

和訳 彼は京都に滞在中に清水寺を２度訪れた。

4 ①

▶「～に買い物に行く」という和訳から to を入れたくなりますが，go *do*ing は〈go to＋場所〉とは異なり，*do*ing の動作が行われる場所が続く場合，〈**go *doing* at**［**in / on**］＋場所〉という形になります。*cf.* go swimming **in** the river「川に泳ぎに行く」

和訳 ミツビシ百貨店に買い物に行きましょう。

5 ②

▶ 名詞句 the fact（＋同格の that 節）に対する**前置詞**が必要です。よって，② **Despite**「**～にもかかわらず**」が正解です。③ In spite は of が不足しています。

和訳 ほとんど雨が降らなかったという事実にもかかわらず，人々は水をたくさん無駄に使った。

6 ①

▶ コンマの前後で節が２つあるので，文頭の空所には従属接続詞が必要ですが，① **As soon as ～** で「**～するとすぐに**」の意味になります。③ But は等位接続詞なので，文頭に置いて２つの節を結ぶことはできません。② Whether は raining の後に or not があれば「雨が止もうが止むまいが」の意味の副詞節になりますが，whether だけでは「雨が止むかどうか」の名詞節なので不可です。

和訳 雨が止んだらすぐに，私たちは出かけるでしょう。

差がつく10題

空所に最も適切なものを選んで入れよ。

1 The campsite is [ ] the parking lot.

① cross　② opposite　③ back　④ against

（芝浦工業大）

2 [ ] the economy, on the whole, has been in a recession, our company has been doing fairly well.

① Therefore　② Although　③ However　④ Nevertheless

（同志社女子大）

3 My hometown is about 35 kilometers [ ] the north of Kobe.

① to　② for　③ at　④ in

（神戸親和女子大）

4 Bring a map [ ] you get lost.

① because　② if　③ in case　④ so that　⑤ unless

（大妻女子大）

5 I opened the door quietly [ ] the teacher wouldn't notice me.

① so that　② unless　③ otherwise　④ because of

（芝浦工業大）

1 ②

▶ ② **opposite** には形容詞としての用法だけではなく，「**〜の向かい側に，〜の反対側に**」という前置詞の用法があります。なお，同じ意味を across from 〜 でも表すことができます。

和訳 キャンプ場は駐車場の向かい側にあります。

2 ②

▶ 2つの節があるので，**譲歩の接続詞** ② **Although**「**〜であるが**」が正解です。① Therefore「それゆえに」，③ However「しかしながら」，④ Nevertheless「にもかかわらず」は，すべて文章の流れを作るつなぎ語としての副詞です。

語句 on the whole 熟「概して」，recession 名「景気後退」，fairly 副「かなり」

和訳 経済は全般的に不況のままだが，わが社はかなり好調が続いている。

3 ①

▶「〜の北に」は「〜から(離れて)北に」であれば，to the north of 〜 です。よって，① **to** が正解です。④ in では「〜の(中の)北部に」という意味です。また，on the north of 〜 は「〜に(接して)北に」です。なお，ほかの方角の場合も同様です。

和訳 私の故郷は神戸から北におよそ 35 キロメートルのところにあります。

4 ③

▶ (**just**) **in case** 〜 で「**もし〜だといけないから，〜に備えて**」という意味の接続詞です。よって，③ **in case** が正解です。in case の導く節中では，in case you *should* get lost などのように **should** が用いられることもあります。

和訳 道に迷うといけないから，地図を持っていきなさい。

5 ①

▶ **so (that) S will not *do*** で「**S が do しないように**」という意味を表します。よって，① **so that** が正解です。ここでは，過去時制なので，助動詞が would になっています。② unless は「〜でなければ」という否定条件を示す接続詞です。③ otherwise は副詞，④ because of は前置詞なので，いずれもここでは不適切です。

和訳 先生が私に気づかないように，私はドアを静かに開けた。

6 [　　　] I am concerned, I don't care when the excursion will be.

① As much as　② As many as
③ As soon as　④ As far as

（広島工業大）

7 We could hear the sound of the sea in this hotel room and got a good night's sleep [　　　] open.

① its windows were　② the windows of which
③ whose windows　④ with the windows

（藤女子大）

8 They discussed the matter [　　　] tea and cakes.

① by　② for　③ over　④ with

（東京電機大）

9 [　　　] he is, I don't envy him.

① As rich　② Rich as
③ Though rich　④ Rich but

（松山大）

10 These old machines are [　　　] little use now.

① at　② of　③ on　④ out of

（東北学院大）

6 ④

▶ ④ **As far as ～** で「**～である限り**」という範囲を示す表現です。**as far as S be concerned** で「**S に関する限り**」という意味になります。be concerned という受動態の形であることに注意しましょう。 **語句** excursion 名「(団体)旅行，遠足」

和訳 私に関する限り，遠足がいつになるかは気にしません。

7 ④

▶ **〈with＋O＋C〉** で「**O が C の状態で**」という付帯状況を表します(65 ページ問 5 の「差がつくポイント」も参照。)。the windows were open という状態を示せばよいので，④ **with the windows** が正解です。

和訳 このホテルの部屋では海の音が聞こえ，私たちは窓を開けたまま夜はぐっすりと眠った。

8 ③

▶ 前置詞の ③ **over** には「**(飲食物を)とりながら**」という意味があります。この over は飲食物に限定されず，He fell asleep *over* his *book*.「彼は本を読みながら寝てしまった」のように**仕事・活動**などが示される場合もあります。

和訳 彼らはお茶を飲み，ケーキを食べながらその問題について議論した。

9 ②

▶ 接続詞 **as** には「**～ではあるが**」という**譲歩**を表す用法があり，その場合，as の前に**形容詞・副詞**あるいは**動詞の原形**が置かれます。よって，② **Rich as** が正解になります。接続詞 though を用いると，*Though* he is rich, I don't envy him. のように通常の語順になります。 **語句** envy 他「～をうらやむ」

和訳 彼は金持ちだが，私は彼をうらやましく思わない。

差がつくポイント 性質を表す〈of＋抽象名詞〉

10 ②

▶ 前置詞 ② **of** には，性質・特徴などを示して「～の性質[特徴]を持った」という用法があります。**of little use** で「ほとんど役に立たない」という意味です。

和訳 これらの古い機械は今ではほとんど役に立たない。

These machines are **of *no* use.**　〔全く役に立たない〕
＝ These machines are not useful [useless].

These machines are **of *little* use.**　〔ほとんど役に立たない〕
＝ These machines are hardly useful.

These machines are **of *much* use.**　〔非常に役立つ〕
＝ These machines are very useful.

12 さまざまな構文

この章では，間接疑問文，強調構文，否定，倒置，省略，無生物主語など英語に独特な文構造のパターンを学習しましょう。特に，強調構文での強調の仕方や無生物主語構文の解釈の仕方などを慎重に学習しましょう。

Check 1 強調構文

次の文の空所に最も適切なものを選んで入れよ。

Was [　　] you who sent me flowers?

① there　② it　③ what　④ which　（名城大）

正解 ②

解説 **It is ～ that ...** で「**…は～である**」という**強調構文**ですが，強調されるのが「人」を表す文の主語の場合，that の代わりに **who** が用いられることがあります。よって，正解は ② **it** です。ここでは，sent me flowers の主語 you が強調された疑問文になっています。

和訳 私に花を送ってくれたのはあなたですか。

■ 強調構文

It was **John** *that*［*who*］S broke the window yesterday.　〔主語を強調〕

It was **the window** *that* John broke O yesterday.　〔目的語を強調〕

It was **yesterday** *that* John broke the window 副詞.　〔副詞を強調〕

Check 2 否定による倒置

次の文の空所に最も適切なものを選んで入れよ。

Never [　　] heard such a beautiful voice in his life until then!

① had he　② has he　③ he had　④ he has　（神奈川大）

正解 ①

解説 文頭に否定の副詞 Never が置かれているので〈助動詞＋S＋動詞〉という倒置の形式になります。よって，① **had he** が正解です。②も倒置の形になっていますが，until then「そのときまで」があるので，「聞いたことがなかった」と過去完了の意味にするのがここでは適切です。

和訳 そのときまで彼は，そんなに美しい声を生涯で聞いたことがなかった。

強調構文（☑Check 1 参照），否定による倒置（☑Check 2 参照），〈So [Neither]＋（助）動詞＋主語〉（p.120 押さえておきたい6題：3・5参照）などは頻出です。無生物主語構文（☑Check 3 参照）については，読解の正確さに直結するポイントです。

■ **否定と倒置：**否定語が文頭に置かれると倒置の構文になります。

・私はそんなことが起こるとは夢にも思っていなかった。
Never *did* I dream that such a thing would happen.
＝ I never dreamed that such a thing would happen.

・彼が家を出るとすぐに雨が降り出した。
No sooner *had* he *left* home **than** it started to rain.
＝ He had no sooner left home than it started to rain.

・彼女は私を見るとすぐに顔をそむけた。
Hardly［**Scarcely**］*had* she *seen* me **when**［**before**］she turned away.
＝ She had hardly［scarcely］seen me when［before］she turned away.

☑Check 3 無生物主語

> 次の文の空所に最も適切なものを選んで入れよ。
> ＿＿＿ determined you to become a doctor?
> ① When ② What ③ Why ④ How （愛知大）

正解 ②

解説 動詞 determined の主語が必要なので，名詞・代名詞を入れる必要があり，② **What** が正解になります。この文の文字通りの意味は「何があなたに医者になることを決意させたのか」ということです。

和訳 なぜ医者になろうと決意したのですか。

■ **無生物主語構文：原因・理由，方法・手段，条件**などを表す**無生物を主語**にして，それが「**人に〜させる**」という形で表す表現形式。

・**This road** will take you to the library.　この道を行けば，図書館に着きます。
〈**文字通りの意味**：この道があなたを図書館に連れていく〉
＝ If you take this road, you will get to the library.

・**What** made you think so?　なぜそう考えたのですか。
〈**文字通りの意味**：何があなたにそう考えさせたのか〉
＝ Why did you think so?

押さえておきたい6題

次の文の空所に最も適切なものを選んで入れよ。

1 [　　　] do you think are the reasons that humans might want to live on another planet?

① How　② What　③ Whichever　④ Why

（金城学院大）

2 X: My winter coat is so old.
Y: [　　　] a new one? There's a sale on this week.

① Why do you get　② What if
③ Why don't you get　④ How come getting

（北海学園大）

3 Yuki graduated from high school last year, [　　　].

① and so did Ken　② but Ken did
③ nor did Ken　④ neither did Ken

（中部大）

4 Tell me [　　　] to the United States.

① when will you come　② that when will you come
③ that when you will come　④ when you will come

（名城大）

5 Stacy cannot ride a bicycle. [　　　] can I.

① Neither　② Either　③ Whether　④ No

（札幌大）

6 You won't break your promise, [　　　] you?

① will　② won't　③ do　④ don't

（関東学院大）

1 ②

▶ 疑問文に do you think や did you say などが挿入されることがあります。ここでは are の主語になる疑問代名詞が必要であり，② **What** が正解となります。① How や ④ Why は疑問副詞なので主語になることはできません。

和訳 人間がほかの惑星で暮らしたいと思うかもしれない理由は何だと思いますか。

2 ③

▶ **Why don't you ～?** で「**～してはどうですか，～しませんか**」という提案を示す表現になります。よって，③ **Why don't you get** が正解です。この表現は **Why not ～?** でも表せるので，Why not get a new one? に書き換え可能です。

和訳 X：私の冬のコートはとても古いのです。
Y：新しいのを買ったらどうですか。今週，セールをやっていますよ。

3 ①

▶ 空所に先行する文が肯定の意味なので，「**～もそうである**」という意味では，〈so＋(助)動詞＋S〉という形を用います。ここでは，graduated from high school の**代動詞**として過去形の did が用いられており，① **and so did Ken** が正解です。

和訳 ユキは昨年高校を卒業したが，ケンもそうだ。

4 ④

▶ 直接疑問文では When will you come to the United States? となりますが，ここでは，この疑問文が Tell me の目的語になる名詞節なので(間接疑問)，**平叙文の語順**になります。よって，④ **when you will come** が正解です。

和訳 あなたがいつアメリカに来るか教えてください。

5 ①

▶ 空所前が否定文であることを確認します。**否定文脈**で「**～もそうである**」という意味を表すには〈**Neither＋(助)動詞＋S**〉の形をとります。よって，① **Neither** が正解です。ここでは，cannot ride が前文にあるので，空所後で can が用いられています。

和訳 ステイシーは自転車に乗れない。私もそうだ。

6 ①

▶ 付加疑問を作る際は，先行する文の形式を確認します。助動詞 **will の否定**である **won't** が用いられているので，肯定の ① **will** が正解です。

和訳 あなたは約束を破りませんよね？

差がつく 10 題

空所に最も適切なものを選んで入れよ。

1 ＿＿ this book when I got tired of reading it.

① Hardly I had started　② I had hardly started
③ Hardly have I started　④ Hardly

（高知大）

2 ＿＿ did I dream of a letter coming from my father since I hadn't heard from him for years.

① Even　② Little　③ Quite　④ So

（武庫川女子大）

3 It was ＿＿ Margaret visited her cousin in Paris that she realized how ill he was.

① before long　② not only　③ so long as　④ not until

（清泉女子大）

4 ＿＿ you went into the room with?

① Who she was　② What is she
③ Who it was that　④ Who was it that

（西南学院大）

5 At no time ＿＿ serious about his studies.

① was John ever　② was John never
③ when John was not　④ where John was ever

（宮崎産業経営大）

1 ②

▶ **〈S＋had hardly ～ when ...〉**で**「～するとすぐに…した」**という意味の表現です。よって，② **I had hardly started** が正解です。「ほとんど～ない」という否定の副詞 hardly が文頭にくると，had と主語が倒置され，Hardly had I started this book when ... と書き換えられます。

和訳 私はこの本を読み始めるとすぐに飽きてしまった。

2 ②

▶ 空所後で **did I dream**（助動詞＋主語＋動詞）の**倒置**が用いられている点から，否定による倒置を考えます。**「ほとんど～ない」**という否定的な意味を表す副詞の② **Little** が正解になります。

和訳 何年も音信不通だったので，父から手紙が来るとは夢にも思っていなかった。

3 ④

▶ **It is not until ～ that ...** で**「～して初めて…する，～するまで…しない」**という意味の構文があり，④ **not until** が正解です。これは，**It is ～ that ...** の**強調構文**で until が導く副詞節が強調された形です。この文は Margaret didn't realize how ill her cousin was until she visited him in Paris. に書き換え可能です。

和訳 マーガレットはパリのいとこを訪ねて初めて彼の病気の重さがわかった。

4 ④

▶ **強調構文**では，**強調される語句が疑問詞**となる疑問文になることもあります。ここでは it was ～ that ... の構文で強調されている**疑問詞 who** が文頭に置かれた形の④ **Who was it that** が正解です。

和訳 あなたが一緒に部屋に入ったのはいったい誰だったのですか。

5 ①

▶ 文頭に **At no time「決して～ない」**という否定の前置詞句があることに注目します。文頭に否定表現があると倒置が用いられますので，① **was John ever** が正解になります。この文では no ですでに否定されているので，not や never は入れられません。

和訳 ジョンは自分の勉強に真剣になることはそれまで全くなかった。

6 Children are not admitted here [ ] accompanied by adults.

① as ② because ③ unless ④ for

(清泉女子大)

7 The performance was far [ ] being perfect.

① of ② on ③ to ④ from

(大阪経済大)

8 Jack hardly [ ] television.

① ever watch ② never watch
③ ever watches ④ never watches

(東京電機大)

9 [ ] the weather going to be like tomorrow?

① How's ② What's ③ When's ④ Where's

(岡山理科大)

10 Let me know [ ] led you to such a conclusion.

① what ② why ③ how ④ where

(名古屋学院大)

6 ③

▶ 文意から「**〜でなければ**」という**否定の条件**を表す ③ **unless** が正解です。時・条件・譲歩の接続詞が導く副詞節中では，主節の主語と同じ対象を指す**主語と be 動詞が省略**されることがあります。ここでは unless **they**［＝children］**are** accompanied の they are が省略されたと考えられます。

和訳 大人が同伴していない限り，子供は入場できません。

7 ④

▶ not や never などの否定語句を用いずに文意が否定されることがあります。**far from 〜** は「**〜からほど遠い**」という文字通りの意味から，「**全然〜でない**」という強い否定の意味が表されるので，④ **from** が正解です。far from 〜 の後は名詞・動名詞だけでなく，形容詞が置かれることもあります。

和訳 公演はまったく完璧なものではなかった。

8 ③

▶ 副詞 **hardly** は「**めったに〜ない**」という否定的な意味なので，否定の never を一緒に使うことはできません。**hardly［scarcely］ever *do*** で「**めったに do しない**」（＝almost never）の意味になります。この文は主語が 3 人称単数の Jack で現在時制なので，③ **ever watches** が正解になります。

和訳 ジャックはめったにテレビを見ない。

9 ②

▶ 意味的に How を入れたくなりますが，前置詞 **like**「**〜のような**」の目的語がないので，疑問副詞ではなく，**疑問代名詞**が必要です。よって ② **What's**（＝What is）が正解です。**What is 〜 like?** で「**〜はどんな（人・物）か，どんなふうか**」という意味が表されます。

和訳 明日の天気はどんな感じでしょうか。

10 ①

▶ 〈**lead＋O＋to 〜**〉は，「O を〜に導く」という意味を表します。ここでは led の主語がないことから**疑問代名詞**の ① **what** が正解になりますが，無生物主語構文で「何があなたを〜に導いたのか」，すなわち「なぜ〜に至ったのか」という意味になります。

和訳 なぜあなたがこんな結論を出したのか教えてください。

ランダム20題で力だめし！

目標解答時間 20分

正解と解説 p.130

1 ＿＿＿ the message, I will let you know.

① As soon as I am received　② As soon as I will receive
③ As soon as I receive　④ As soon as I received

（藤女子大）

2 Even with his best effort, Richard ＿＿＿ unable to pass the exam he took last week.

① would have been　② had been
③ will have been　④ would be

（國學院大）

3 She ＿＿＿ in Germany for three years before she got a job in England.

① had lived　② lives　③ has lived　④ will live

（神奈川大）

4 The sound from the next room was ＿＿＿ for the audience to stay there any longer.

① so annoyed　② so annoying
③ too annoying　④ too annoyed

（芝浦工業大）

5 I decided to give up the idea of ＿＿＿ a house for the time being.

① buy　② buying　③ bought　④ to buy

（亜細亜大）

6 You will hear a question [　　　] in English followed by three responses.

① speaking　② to speak　③ spoken　④ spoke

（広島工業大）

7 I [　　　] been to that new Italian restaurant, so I'm not sure how to get there.

① could have　② have ever
③ have never　④ must have

（愛知学院大）

8 They found [　　　] easy to communicate with him in English.

① too　② him　③ that　④ it

（神奈川大）

9 I [　　　] to believe that he was innocent after all.

① came　② kept　③ remained　④ served

（大妻女子大）

10 Mr. Ginsberg speaks as if he [　　　] the project manager.

① be　② are　③ were　④ being

（国士舘大）

11 The girl [　　　] talking to this morning is from Canada.

① I was　　② which I was　　③ whom I am　　④ who was

（高知大）

12 There's somebody walking behind us. I think [　　　].

① we're following　　② we're being following
③ we followed　　④ we're being followed

（名城大）

13 The microwave oven Laura bought yesterday is superior in quality [　　　] I use.

① than which　　② to the one　　③ to which　　④ than the one

（東京電機大）

14 [　　　] was when I had just got into the bath that the phone rang.

① One　　② He　　③ I　　④ There　　⑤ It

（大東文化大）

15 I have two computers. One is a desktop and [　　　] is a laptop.

① another　　② the other　　③ others　　④ other

（芝浦工業大）

16 School officials [ ] more overcrowded this year than they have been in decades.

① saying that schools are ② say that schools
③ say that schools are ④ are said that schools

（西南学院大）

17 If Tom [ ] attended the last class, he would have missed an important message from his teacher.

① did not ② would not ③ would not have ④ had not

（東海大）

18 It was the way Tom threw the ball [ ] made the head coach extremely angry.

① who ② what ③ that ④ how

（広島工業大）

19 She hasn't come home yet. It seems that she missed the train she [ ].

① should have taken ② should take ③ took ④ had taken

（神戸学院大）

20 St. Nicholas was born in [ ] is now Turkey in 280 AD.

① what ② where ③ wherever ④ which it

（東北学院大）

正解と解説　ランダム20題で力だめし！

問題は p.126

1　③

▶主節で will が用いられているので，未来のことを述べていますが，**時・条件の副詞節中では，未来の意味でも現在時制**を用いるという原則があります。**as soon as ～「～するとすぐに」**は時を表す接続詞なので，この副詞節中では現在時制となり，③ **As soon as I receive** が正解になります。

和訳 私がメッセージを受け取ったらすぐに，あなたに知らせます。

第 1 章 動詞・時制 ☑Check 3 **参照** (p.9)

2　①

▶前置詞 **with** を用いて**条件**が示されることがあります。ここでは，even with ～で「～があったとしても」という条件で，「先週受けた試験」という過去の出来事について述べているので，**仮定法過去完了の帰結節**を作る ① **would have been** が正解です。

和訳 最大の努力をしたとしても，リチャードは先週受けた試験に合格できなかっただろう。

第 4 章 仮定法 ☑Check 1 **参照** (p.38)

3　①

▶got a job in England「イギリスで仕事についた」という過去の出来事より以前の3年間の経験について述べているので，「過去のある時点までの経験」ということで，過去完了形の ① **had lived** が正解です。

和訳 彼女はイギリスで仕事につく前にドイツに3年間住んでいた。

第 1 章 動詞・時制「押さえておきたい 6 題」4 参照 (p.10)

4　③

▶主語が The sound で，それが「人を嫌がらせる」という能動の意味関係なので，**現在分詞**が必要です。そして，文後半の to stay から **too ～ to *do*「～すぎて do できない」**を用いると考えられるため，正解は ③ **too annoying** となります。なお，too ～ to *do* に否定の意味が含まれるため，any longer とあわせて「もう～ではない」という意味も表されています。

和訳 隣の部屋からの音がとても迷惑で客はそれ以上そこにいられなかった。

第 5 章 不定詞・動名詞「差がつく 15 題」14 参照 (p.56)
第 6 章 分詞・分詞構文 ☑Check 1 **参照** (p.60)

5　②

▶空所前に前置詞 of があるので，動名詞を続けることになります。よって，② **buying** が正解です。the idea of *do*ing で「do するという考え」という意味になります。

語句 give up ～ 熟「～をあきらめる」，for the time being 熟「当分は，さしあたって」

和訳 私は当分の間は家を買おうという考えはあきらめることに決めた。

第 5 章 不定詞・動名詞「押さえておきたい 6 題」5 参照 (p.50)

6　③

▶〈**hear＋O＋C**〉で「**O が C であるのを聞く**」という意味の第 5 文型のパターンですが，ここでは，目的語の a question が「話される」という受動の関係なので，過去分詞の ③ **spoken** が正解になります。なお，followed 以下は a question を修飾し，「その後に～が続く」という意味になります。

和訳 あなたは質問とその後に続く 3 つの応答が英語で話されるのを聞きます。

第 6 章 分詞・分詞構文「差がつく 15 題」2 参照 (p.64)

7　③

▶so の後で「そこへの行き方がはっきりわからない」と言っているので，「今までに行ったことがない」という意味が適切だとわかります。よって，③ **have never** を入れ，現在完了形の **have never been to ～「～へ行ったことがない」**とするのが正解です。

和訳 私はその新しいイタリア料理店に行ったことはないので，どうやって行ったらいいか確かではありません。

第 1 章 動詞・時制「差がつく 15 題」15 参照 (p.16)

8　④

▶〈**find＋O＋C**〉で「**O を C と思う**」という第 5 文型のパターンですが，ここでは後続する不定詞を指す形式目的語の ④ **it** が正解になります。

和訳 彼らは彼と英語で意思を通じさせるのが簡単だと思った。

第 7 章 名詞・代名詞 Check 3 参照 (p.71)

9　①

▶**come to *do*** で「**do するようになる**」という意味が表されます。よって，① **came** が正解です。なお，become to *do* という言い方はしないので注意が必要です。

和訳 私は結局，彼が無実だと信じるようになった。

第 1 章 動詞・時制「差がつく 15 題」8 参照 (p.14)

10 ③

▶〈**as if[though]＋S＋仮定法過去**〉で「**まるで～であるかのように**」という意味になるので，③ **were** が正解です。なお，略式では主語が 1 人称や 3 人称の単数の場合，直説法過去形の was が用いられることもあります。

和訳 ギンズバーグ氏はまるで自分がプロジェクト責任者であるかのように話す。

第 4 章 仮定法「押さえておきたい 6 題」4 参照 (p.40)

11 ①

▶this morning は前置詞なしで「今朝」という副詞的名詞句なので，その前の前置詞 to の目的語がないことがわかります。talk to ～ で「～と話す」ですが，目的語が関係詞に置き換えられ (The girl whom I was talking to)，その関係詞が省略された形になる ① **I was** が正解になります。②は先行詞が人なので，which は使えません。③は am の時制が this morning と合いません。

和訳 今朝私が話をしていた女の子はカナダ出身です。

第 10 章 関係詞 Check 1 参照 (p.100)

12 ④

▶他動詞 follow が用いられていますが，その目的語がないので，**受動態**にする必要があります。ここでは受動態の進行形の ④ **we're being followed** が正解になります。なお，最初の文では，〈**there is＋S＋*doing***〉で「**do する S がいる**」という分詞の慣用表現が用いられている点にも注意しましょう。

和訳 誰かが私たちの後ろを歩いている。私たちは後をつけられていると思う。

第 3 章 受動態 Check 1 参照 (p.28)

13 ②

▶superior は than ではなく，**to を用いて比較の対象**を示します。さらに，ここではすでに示された microwave oven の反復を避けるため**代名詞 one** を用いた ② **to the one** が正解になります。なお，oven と one の後でそれぞれ目的格の関係代名詞 which[that] が省略されていることも確認しておきましょう。

和訳 ローラが昨日買った電子レンジは私が使っているものよりも質が優れている。

第 9 章 比較「差がつく 15 題」14 参照 (p.96)

第 7 章 名詞・代名詞「押さえておきたい 6 題」4 参照 (p.72)

14　⑤

▶文末に that the phone rang とあることから強調構文を考え，⑤ **It** が正解になります。ここでは，**It was ～ that ... の強調構文**により when I had just got into the bath という**副詞節が強調**されています。

和訳 電話が鳴ったのは，ちょうど私が風呂に入ったときだった。

➲**第 12 章 さまざまな構文 ☑Check 1 参照**（p.118）

15　②

▶「コンピューターが 2 台」なので，**one** と **the other** の関係です。よって，正解は ② **the other** になります。① another では 3 台以上あることになります。③ others は複数なので，空所後の is と数が一致しません。

和訳 私はコンピューターを 2 台持っています。1 台はデスクトップで，もう 1 台はノートパソコンです。

➲**第 7 章 名詞・代名詞 ☑Check 2 参照**（p.70）

16　③

▶that 節が含まれていますが，動詞 say は能動態で **say that ～** とするほかに，形式主語を利用して，**It is said that ～** の形でも用いられます。ここでは形式主語は用いられていないので，能動態の say that ～ が適切で，さらに，空所後の overcrowded を補語とする be 動詞を含んだ ③ **say that schools are** が正解です。なお，It is said that ～ は that 節内の主語を文全体の主語にした S is said to *do*「S は do すると言われている」の形に書き換えることができます。

和訳 学校の役員は，今年学校はここ数十年で最も生徒数が多くなるだろうと言っている。

➲**第 3 章 受動態「差がつく 15 題」13 参照**（p.36）

17　④

▶コンマより後ろで would have missed という〈**助動詞過去形＋have Vpp**〉が用いられているので，**仮定法過去完了**が適切だと考え，④ **had not** を入れ，過去の現実に反する仮定の文を作ります。

和訳 もしトムがこの前の授業に出席していなかったら，先生からの重要なメッセージを聞き逃していただろう。

➲**第 4 章 仮定法 ☑Check 1 参照**（p.38）

18 ③

▶文頭にIt wasがあり，空所後に主語のない動詞madeがあることから，**強調構文**が考えられますが，強調されているのがthe way (in which) Tom threw the ball「トムのボールの投げ方」なので，① whoは不適切で，③ **that**が正解になります。

和訳 ヘッドコーチを非常に怒らせたのは，トムのボールの投げ方だった。

第12章 さまざまな構文 Check 1 **参照** (p.118)

19 ①

▶「電車に遅れたようだ」という表現から，**「乗るべきだったのに乗らなかった」**という状況が想定できるので① **should have taken**が正解になります。

和訳 彼女はまだ帰宅していない。彼女は乗るべき電車に乗り遅れたようだ。

第2章 助動詞 Check 2 **参照** (p.18)

20 ①

▶空所後のisの主語がなく，空所前に先行詞がないので，**先行詞を含んだ関係代名詞**である，① **what**が正解になります。

和訳 聖ニコラスは紀元280年に今のトルコで生まれた。

第10章 関係詞 Check 2 **参照** (p.100)

正解数 1～8 …「押さえておきたい6題」をもう1周しよう！

正解数 9～14 … もう一息で『レベル2』は完成。「差がつく」問題を中心に復習しよう！

正解数 15～20 …『レベル2』はばっちり身につきましたね。『レベル3』へGO！

〔大学入試 全レベル問題集 英文法２［三訂版］〕 S4d127